Best of

SÜDOSTASIEN

66 Highlights

Bilder von
Mario Weigt

Texte von
Walter M. Weiss

Stürtz

Zu den großen Attraktionen der laotischen Region um Vang Vieng gehören die zahlreichen Höhlen. Diese heißt Tham Pou Kham, liegt sieben Kilometer westlich des Städtchens und birgt nahe dem Eingang einen Altar mit einem liegenden Buddha aus Bronze.

Best of

66 SÜDOSTASIEN Highlights

Erste Seite:
Die in Zentralthailand am Nordrand des Menam-Beckens gelegene Stadt Sukhothai war im 13./14. Jahrhundert Mittelpunkt eines mächtigen Reiches. Im Bild: Skulptur und Gebäudereste des einst prachtvollen Tempels Wat Mahathat.

Ein Novize kehrt jene kolossale Hand, die im Schoß eines der 30 Meter hohen Buddhas der Kyaikpun-Pagode ruht. Besen sind ein unverzichtbares Utensil im Alltag der Mönche. Dem behutsamen Fegen, also Reinigen, geheiligter Orte eignet etwas Meditatives an.

Unbestrittener Höhepunkt jedes Besuches in Kambodscha sind die Tempelruinen von Angkor. Auch Besucher von heute können sich der mystischen Aura der von Würgefeigen und Kapokbäumen umwachsenen Mauern nicht entziehen.

LAOS – EIN REFUGIUM FÜR NOSTALGIKER 82

KAMBODSCHA – VERWUNSCHENE SCHÖNHEIT, WOHIN MAN AUCH BLICKT 98

VIETNAM – EIN LAND ZWISCHEN GESTERN UND ÜBERMORGEN 114

Die vietnamesische Halbinsel Mui Ne gilt als beliebtes Ziel für Badeurlauber. Die Frauen der örtlichen Fischer jedoch haben schon frühmorgens alle Hände voll zu tun, da sie am Strand die fangfrischen Muscheln knacken.

In der Trockenzeit, wenn der Wasserpegel des Mekong sinkt, wird in Kampong Cham, Kambodschas dritt größter Stadt, eine temporäre Brücke aus Bambus und Holz über den Fluss gebaut. Die 600 Meter lange Konstruktion führt hinüber zu der Insel Ko Pbain.

LÄNDER DES LÄCHELNS UND DER MORGENRÖTE

Die Möglichkeiten, sich zu verlieben sind mannigfach: auf der Terrasse der Mingalazedi-Pagode zum Beispiel beim Anblick der Ebene von Bagan im Morgenlicht, wenn zunächst die Spitzen der höchsten Zedis von ersten Sonnenstrahlen getroffen aufblitzen, eine laue Brise die unzähligen Geisterglöckchen zum Klingen bringt, die ersten Mönche ihre Gongs schlagen und Gesänge anstimmen, und schließlich nach und nach bis zum Horizont hin der ganze überirdisch schöne, von Menschenhand errichtete Wald von weißen, steinbraunen oder goldenen Nadeln, Kegeln und Kuppen sich aus der dunklen Ebene erhebend aufglüht; oder, ebenfalls bei Tagesanbruch, an Bord einer Dschunke in der Bucht von Halong in Nordvietnam angesichts des grandiosen Defilees der Felsinseln, die wie Rückenflossen urzeitlicher Drachen aus dem Dunst auftauchen; oder wenn man bei Dunkelheit noch, dem Zubringer-Tuktuk entstiegen, auf der Prozessionsstraße Angkor Wat entgegengeht und dieser kolossale kosmische Berg mit all

Abendstimmung am Song Huong Giang in Hue. Der „Fluss der Wohlgerüche“ bahnt sich, vom laotischen Bergland kommend, seinen Weg zum nur 15 Kilometer entfernten Meer. Er verleiht der altehrwürdigen Kaiserstadt einen zusätzlichen Reiz.

Myanmar
Hauptstadt: *Yangon (Rangun)*
Einwohner: *55 Millionen*
Fläche: *676 578 km^2*

Thailand
Hauptstadt: *Bangkok*
Einwohner: *70 Millionen*
Fläche: *513 115 km^2*

Laos
Hauptstadt: *Vientiane*
Einwohner: *7 Millionen*
Fläche: *236 800 km^2*

Kambodscha
Hauptstadt: *Phnom Penh*
Einwohner: *14,5 Millionen*
Fläche: *181 050 km^2*

Vietnam
Hauptstadt: *Hanoi*
Einwohner: *93 Millionen*
Fläche: *331 690 km^2*

vgl: Deutschland: 81,8 Mio. Einw. / 357 375 km^2

Im nördlichsten Küstenabschnitt Vietnams erstreckt sich die Bucht von Halong. Um die spektakulären Kalkformationen gebührlich zu besichtigen, empfiehlt sich eine mehrtägige Ausflugsfahrt auf einer der vielen Touristendschunken.

seinen Haupt- und Seitengipfeln allmählich vor dem sich rötenden Himmel Konturen annimmt.

Ob beim Abendspaziergang durch die Klöster im Herzen der alten laotischen Königsstadt Luang Prabang oder im schummrigen Schein der bunten Lampions während des Lichterfests im historischen Viertel des zentralvietnamesischen Hafenstädtchens Hoi An; ob beim Trekking entlang der frischgrünen Terrassenfelder in den Bergen des Nordens, bei der Bootsfahrt durch die amphibischen Traumwelten des Mekong- oder Ayeyarwady-Deltas, oder, ja doch, natürlich auch unter leise raschelnden Palmen am Sandstrand, etwa in Nha Trang, Phuket oder Ko Samui. Magische Momente erlebt der Reisende, unterwegs zwischen den Küsten des Golfes von Bengalen, von Thailand und von Tonkin, am laufenden Band.

Ach, Südostasien! Wie viele Neuankömmlinge schon haben sich Hals über Kopf in dich und deine so anmutigen wie tapferen Menschen verliebt! Wie viele sehnen sich, wieder daheim, nach deinem Zauber! Wie viele hast du mit deiner rätselhaften Fremdartigkeit und Widersprüchlichkeit aber auch irritiert, erschreckt, schockiert!

PARADIES MIT SCHATTENSEITEN

Von diesem wundersamen Teil der Welt kann man auf mehrerlei Weise sprechen. Man kann von seinen Landschaften und Baudenkmälern schwärmen, von den sattgrünen Reisfeldern in den Ebenen des Südens, von den stattlichen Berggipfeln und dichten, dunklen Wäldern zu deren Füßen im Norden; von den majestätischen Strömen und den Aberhunderten weiteren Flussläufen, die sich von Zentralchinas und Tibets Hoch- in die küstennahen Tiefländer ergießen und ihnen ihren enormen Wasserreichtum bescheren; von den lichtübergossenen, mit Palmen gesäumten Meeresstränden, den Tempeltürmen, Klöstern, Pagoden und Buddha-Figuren; und natürlich vom einnehmenden Wesen seiner Bewohner, ihrem unerschütterlichen Gleichmut und dem trotz aller Leiden der Vergangenheit von Würde und Respekt getragenen Lächeln. So betrachtet, erscheint Südostasien als eine Insel der Idylle, auf der sich noch dem nostalgischen Flair nachspüren lässt, wie es Graham Greene und Marguerite Duras, Joseph Conrad, Rudyard Kipling und Somerset Maugham erlebten und literarisch so eindrücklich festhielten.

Man kann freilich auch von der harten Kehrseite, der grausamen Zeitgeschichte und ihrem Erbe sprechen: Ist von Indochina, vor allem Vietnam, aber auch Laos und Kambodscha die Rede, steigen zumindest bei älteren Zeitgenossen unweigerlich auch Erinnerungen an jene Nachrichten auf, die von dort zu Zeiten des Krieges in den 1960er- und 1970er-Jahren kamen; und an die hitzigen Diskussionen, die sie darüber an Universitäten, mit Freunden, in Familien führten. Auch die Horrorbilder, die damals um die Welt gingen, erstehen vor dem geistigen Auge wieder auf: der Mönch, der sich in Saigon aus Protest gegen die Buddhisten-Verfolgung selbst verbrennt; das Mädchen, das auf der Landstraße schreiend und nackt vor der Napalmhölle flieht; der General, der einen Sympathisanten des Vietcong aus nächster Nähe in den Kopf schießt, die Tet-Offensive, das Massaker von My Lai, die Bombenteppiche der US-amerikanischen B52-Geschwader ... – allesamt Dokumente des Grauens. Und auch aus jüngster Zeit drängen manch negative News ins Gedächtnis – aus Bangkok, wo sich einander feindlich gesinnte Parteien heillos in einem politischen Patt verstrickt haben; aus dem Süden Thailands, wo muslimische Separatisten für mehr Autonomie, wenn nicht gar einen unabhängigen Staat kämpfen; und von den Generationen schon währenden Konflikten zwischen den Minderheitsvölkern im burmesi-

Am Rand von Vientiane erhebt sich der Stupa That Luang. Als Wahrzeichen der laotischen Hauptstadt und Symbol der Nation funkelt er in seinem goldenen Ornat, als gelte es, den Wesen des Himmels mittels Sonnenstrahlen den Weg auf die Erde zu weisen.

schen Grenzland, den Karen, Shan, Kachin, auch den muslimischen Rohingya, und der von der birmanischen Mehrheit gestellten Zentralregierung. Und nicht zu vergessen ist, dass in Vietnam und Laos immer noch kommunistische Ein-Parteien-Regime herrschen, die über das Rechtsmonopol verfügen, Regierung, Wahlen und Medien kontrollieren, Oppositionsparteien verbieten und politisch Andersdenkende ins Gefängnis zu stecken pflegen. Und der seit 2011 in Myanmar eingeleitete Demokratisierungsprozess ist noch alles andere als abgeschlossen.

IM GLAUBEN ENTSPANNT

Mit diesem Vermächtnis und der vielerorts politisch so labilen Gegenwart geht das Gros der Menschen, zumindest wirkt es auf Kurzzeit-Besucher so, bewundernswert tapfer und unsentimental um. Verblüffend pragmatisch ist auch ihre Haltung in Glaubensfragen. Über ganz Südostasien verstreut leben diverse christliche und muslimische Gemeinden, aber auch kleine Minderheiten von Hindus und Stammesreligionen. Fraglos jedoch ist es der Buddhismus – genauer: jene auf dem Pali-Kanon basierende Theravada-Schule, die sich im 3. vorchristlichen Jahrhundert von Indien nach Burma und Sri Lanka und von dort weiter nach Südostasien ausgebreitet hat –, der das Wesen der Völker am tiefsten prägt und auch den bestimmenden kulturellen Faktor darstellt. In Thailand hat er bis heute, wie früher auch in Laos und Kambodscha, praktisch den Status einer Staatsreligion.

Da die Lehre des Erhabenen Siddharta Gautama Shakyamuni keine Exklusivität fordert, spielen im Volksglauben allerdings auch andere Kulte eine wichtige Rolle. Götter und Geister, die aus vorbuddhistischen Zeiten stammen beziehungsweise hinduistischen oder chinesischen Vorstellungen entspringen, werden in allerlei Ritualen verehrt. Insbesondere unter den Bewohnern der Gebirgsregionen sind Animismus und Ahnenkult verbreitet. Eindrücklich zeigt sich dies etwa in den peripheren Provinzen Vietnams: Wie in allen traditionellen, bäuerlichen Gesellschaften halten die Menschen dort die Natur für beseelt und verehren deshalb eine Vielzahl an Naturgeistern. Im Versammlungshaus huldigen sie dem örtlichen Schutzgeist, zugleich aber auch verstorbenen Honoratioren sowie Dichtern, Feldherren, Königen oder anderen Heroen der Geschichte. Vor wichtigen Entscheidungen konsultieren sie Astrologen. Ein integraler Bestandteil volksnaher Spiritualität ist zudem besagter Ahnenkult: Damit die Seele der Verstorbenen im Kreis der Familie bleibt, die Lebenden schützt und unterstützt, wird ihr zu Ehren auf einem Altar im Haus eine Ahnentafel errichtet und regelmäßig Gedenkzeremonien abgehalten. Buddhistische Pagoden beherbergen hier und in Laos oft auch daoistische Götterfiguren und angeblich wundertätige Kultgegenstände. Als frommer (Nord-)Vietnamese sieht man kein Problem darin, sein Haupt ehrfürchtig vor Buddha zu neigen, ebenso tief Konfuzius und seine Lehren zu verehren, aber auch vor einer Büste Ho Chi Minhs zu beten oder auf die magische Energie von Amuletten zu hoffen.

BAMBUSSTANGE UND ELEFANTENKOPF

Als noch komplexer als die konfessionelle erweist sich die geografische Landkarte: Das Landschaftsprofil im westlichen Bereich Südostasiens ist durch mehrere vom Himalaya südwärts verlaufende Gebirgsketten gekennzeichnet. Zwischen ihnen streben große Ströme, unter ihnen Chindwin, Ayeyarwady, Sittang, Thanlwin (alias Salween), in Richtung Ozean. Die Lebensader der östlichen Gebiete ist der Mekong. Eine Besonderheit stellt der im Herzen Kambodschas gelegene Große See, der Tonle Sap dar.

Der „schwimmende Markt" von Damnoen Saduak liegt 100 Kilometer südwestlich von Bangkok in der Provinz Ratchaburi und ist eine große Attraktion. Es sind meist Frauen, die hier auf Paddelbooten Früchte, Gemüse und Gewürze feilbieten.

Er schrumpft zur Trockenzeit auf ein Viertel seiner Fläche. Der gleichnamige Fluss, der ihn mit dem Mekong verbindet, wechselt infolge der stark unterschiedlichen Pegelstände zweimal jährlich seine Fließrichtung.

Kambodscha besteht mehrheitlich aus weiten, sehr fruchtbaren Ebenen, Laos hingegen als einzige Nation der Region ohne Meereszugang zu fast achtzig Prozent aus – durchwegs dünn besiedeltem – Bergland. Vietnams Form wird gerne mit der traditionellen, im bäuerlichen Alltag bis heute verwendeten Bambusstange verglichen, an deren beiden Enden je ein Tragekorb hängt. Den nördlichen bilden Unterlauf und Delta des Song Hong, dem nach der Farbe der von ihm mitgeschwemmten Lehmsedimente so bezeichneten Roten Fluss. Fast dreimal größer ist das Mekong-Delta, das den südlichen „Tragekorb" bildet, von den Portugiesen einst Cochinchina getauft wurde und heute Nam Bo heißt. Beide Mündungsgebiete gelten als unerschöpfliche Reiskammern, ohne die das Land kaum zu ernähren wäre. Zwischen den zweien erstreckt sich, S-förmig, mehr als 1000 Kilometer lang, doch an der engsten Stelle bloß 50 Kilometer breit, die gebogene „Tragestange", bestehend aus dem schmalen Küstenstreifen und der bis über 2500 Meter hohen Annamitischen Kordillere.

Auch Thailand, dessen Bewohner die Umrisse ihrer Heimat gerne als einen Elefantenkopf beschreiben, besitzt mit dem Tenasserim-Gebirge ein solches Rückgrat: Südwärts entlang der Grenze zu Myanmar bis weit in die Malayische Halbinsel hineinreichend, markiert es gewissermaßen den Rüssel, die Menam-Ebene die Stirn mit Bangkok als Maul, und das Khorat-Plateau im Osten das große, flache Ohr des imaginären Dickhäuters.

Allen Meeresanrainern gemeinsam ist die enorme Vielgestaltigkeit ihrer Küsten. Vietnam allein verfügt über eine Uferlinie von 3260 Kilometern Länge, die maßgeblich aus häufig schier end- und makellosen Sandstränden besteht, zwischen denen Buchten, Flusstäler, Sümpfe, Mangroven, bergige Halbinseln und Tausende vorgelagerte Eilande und Karstkegel für Abwechslung sorgen. Nicht minder zergliedert sind Myanmars Gestade an der Andamanensee und jene von Thailand, die in weitem Halbkreis den nach ihm benannten Golf einfassen.

Der Königspalast von Bangkok diente einst den Königen von Siam als offizielle Residenz. Heute ist er, nachdem die Königsfamilie in Dusit wohnt, Museum und Sehenswürdigkeit Nummer eins der thailändischen Hauptstadt.

Weithin berühmt sind die Beinruderer vom Volk der Intha auf dem Inle-See. Die Männer, in deren Händen der Fischfang liegt, benutzen dabei Netze, die sie mit Reusen, meterhohen Bambusgestellen, auf den Boden des Sees absenken.

Die größte touristische Attraktion der Hauptstadt Phnom Penh ist der Königspalast. Er steht direkt am Ufer des Tonle-Sap-Flusses und entstand in seiner heutigen, dem traditionellen Khmer-Stil nachempfundenen Form im frühen 20. Jahrhundert.

Diese Postkartenidylle heißt Thang Reng und ziert die Küste von Ko Phangan. Die Insel gehört zur Provinz Surat Thani und ist etwa um ein Drittel kleiner als Ko Samui, das ihr im Süden unmittelbar benachbart liegt.

Mehr als 2200 religiöse Bauten säumen den gut 40 Quadratkilometer großen Uferstreifen an einer Biegung des Ayeyarwady – der imposante Rest eines ursprünglich noch viel grandioseren mittelalterlichen Manhattan des Glaubens namens Bagan.

MYANMAR – GEHEIMNISVOLLES, GOLDENES LAND

Myanmar alias Burma gilt vielen Asienkennern zu Recht als das schönste, weil ursprünglichste Land der Region – eine von der übrigen Welt nahezu entrückte Insel im Strom der Zeit, auf der statt der fragwürdigen Errungenschaften der modernen Zivilisation noch weitgehend buddhistische Verinnerlichung und echte Gelassenheit herrschen. Tatsächlich zählt Myanmar zu den reizvollsten Reisezielen auf unserem globalisierten Planeten überhaupt und verleitet zum Schwärmen: von seinen Landschaften und Baudenkmälern, den sattgrünen Reisfeldern im Süden, den gewaltigen Gipfeln und dicht bewaldeten Hügelrücken zu deren Füßen im Norden, von den majestätischen Strömen und palm-gesäumten Meeresstränden, den archaischen Dörfern und Klöstern aus Teakholz, den goldenen glänzenden Pagoden und Buddha-Figuren; und natürlich vom Charme seiner Menschen, ihrer unumstößlichen Ruhe und Glaubensstärke.

Die Vielfalt an Naturschönheiten ist ähnlich immens wie die Zahl der von Menschen geschaffenen Sehenswürdigkeiten. Ob die Traumstrände am Golf von Bengalen wie Ngapali, Chaungtha und Ngwe Saung, das aquatische Labyrinth des Ayeyarwady-Delta oder der von den berühmten Beinruderern bevölkerte Inle-See; ob die Shwedagon-Pagode in Yangon, der Goldene Felsen von Kyaiktiyo, die U-Bein-Brücke bei Mandalay oder die sagenhaften Ruinenstätten von Bagan, Mrauk U oder Mingun: Der Fünf-Sterne-Attraktionen ist kein Ende. Gar nicht zu reden von dem bunten Mosaik an Volksgruppen,

Eindrücke aus Myanmar: Blick über die Ebene von Bagan auf die Dhammayazika-Pagode (oben).
Von links nach rechts: Der als Sitz der Nat-Geister verehrte Vulkan Mount Popa Taung Kalat. – Der „Golden Rock" von Kyaiktiyo, den der Legende nach nur ein Haar des Buddha in Balance hält. – Intha-Frauen, unterwegs auf dem Inle-See.

Mount Popa

Goldener Felsen

Inle-See

das vor allem in den nordöstlichen Landesteilen jede Fahrt über die Dörfer zur ethnologischen Exkursion werden lässt. Oder von den vielen farbenfrohen Märkten, auf denen man nicht nur die große Palette der angebotenen Waren, sondern auch das kunterbunte Treiben der leuchtend farbig gekleideten Marktfrauen und Kinder genießt.

Am intensivsten fassbar wird Myanmars Zauber freilich beim Besuch einer der unzähligen religiösen Stätten: Wenn man mit nackten Fußsohlen über die sonnengewärmten Marmorplatten wandelt, beginnt sich das aus Europa eingeschleppte Gefühlskorsett zu lösen. Die Duftschwaden der Räucherstäbchen, das helle Geklingel der Meditationsglöckchen im Wind und das Gemurmel der Gläubigen, die ihre persönlichen Planeten, Tiere und Wochentage anbeten, schnüren es weiter auf. Endgültig legt man alle Enge und Eile spätestens beim ersten Abendspaziergang ab. Darf man doch hier noch ruhigen Gewissens die Gebote westlicher Effizienz vergessen und stattdessen den Wert der Langsamkeit (wieder-)entdecken. Selbst in den Außenbezirken der mittlerweile fünf Millionen Einwohner zählenden Metropole Yangon trifft man dann vielerorts noch auf eine geradezu dörfliche Finsternis, in der die Gaslaternen der Garköche und ambulanten Händler Lichtinseln bilden. In ihrem Schatten verwandeln sich die Trottoirs in kleine Märkte und der Charme der Menschen öffnet einem das Herz mit ihrer Heiterkeit und ihrem einnehmenden Lächeln.

GPS: 16° 47' 54" N, 96° 8' 58" O

1 Yangon: Shwedagon-Pagode

Im Jahr 588 v. Chr. seien, so erzählen die tiefgläubigen Burmesen gerne, zwei Kaufmannssöhne von einem Besuch bei Gautama Buddha in Indien nach Okkala, das heutige Yangon, zurückgekehrt. Im Gepäck hätten sie als Geschenk des Erleuchteten acht seiner Barthaare mitgebracht. Der damalige König habe für diese Reliquien auf einem Hügel nördlich der Stadt eine kostbar geschmückte Kammer errichten lassen. Und darüber eine goldene Pagode, die wie von Zwiebelschalen von sieben weiteren Pagoden umschlossen wurde.

Zahlreiche Herrscher haben die Shwedagon in der Folge vergrößert und ausgeschmückt. Ihre heutige Gestalt inklusive der 275 langen und gut 200 Meter breiten Terrasse erhielt die Anlage Mitte des 16. Jahrhunderts. Seit damals ragt ihr zentrales Stupa fast 100 Meter hoch empor – weithin glänzend dank jener 8688 massiven Goldplatten, die sie umkleiden. Der Hti, der elf Meter hohe, symbolische Schirm, der dieses gleißende Weltwunder bekrönt, wurde erst 1871 von einem König gespendet. Er ist mit 5448 Diamanten und mehr als 2300 sonstigen Edelsteinen, Rubinen, Topasen, Smaragden und Saphiren, bestückt und außerdem mit Aberhunderten Glöckchen behangen. Die Shwedagon verströmt eine heitere Andächtigkeit, die jede Seele zum Schwingen bringt und weitet.

1: Die Shwedagon-Pagode markiert einen Höhepunkt jeder Reise durch Myanmar.
2: Die Plattform der Pagode misst fast 60 000 Quadratmeter.
3: Ebenso faszinierend wie die Architektur ist es, die Gläubigen beim Vollzug ihrer Rituale zu beobachten.

Täglich 4 bis 22 Uhr geöffnet, Eintritt 5,60 Euro, besonders schöne Lichtstimmung am Abend und zu Vollmond, wenn tausende Öllämpchen um den Stupa leuchten.
www.shwedagonpagoda.com

1

2

3

1

2

GPS: 16° 46′ 45″ N, 96° 9′ 20″O

Yangon: koloniales Erbe 2

Fast jede Reise durch Myanmar nimmt in Yangon ihren Ausgang: Die Stadt bildet den urbanen Mittelpunkt der Volksrepublik. Hier haben viele wichtige Behörden ihren Sitz. Hier pulsieren wie nirgendwo sonst im Land Wirtschaft und Handel. Und in Rangun, so der Name zu britischen Kolonialzeiten, erhalten Neuankömmlinge für gewöhnlich ihren ersten Eindruck von Myanmars magischer Atmosphäre.

Alte Chroniken besagen, dass hier, am Ufer des Yangon alias Hlaing River schon vor 2500 Jahren eine Fischersiedlung bestand. Doch erst nachdem sich die Briten im südlichen Burma festsetzten, erlangte der Ort außenwirtschaftliche Bedeutung. Um 1900 war er eine blühende Metropole.

In manchen Straßen der Außenbezirke beschwört ein Spalier aus Prachtvillen jener Zeit bis heute nostalgische Gefühle. Es sind von Bananenstauden und Jacarandabäumen umwucherte, oft aus Teak- oder Eisenholz gezimmerte viktorianische Feudalsitze mit windschiefen Ziegeldächern, überdachten Säulengängen, viel Stuck, Ziertürmchen, Balkonen und großen Fensterläden. Im Stadtzentrum sind die breiten Boulevards und Alleen oft von den monumentalen Fassaden der einst britischen Kontore, Banken und Verwaltungsgebäude gesäumt – und die Nebenstraßen von den Steinhäusern der einheimischen und indischen Händler. Nicht wenige historische Gebäude (die sich neuerdings da und dort in den Schatten emporschießender Hochhäuser ducken müssen) erstrahlen an der Vorderfront in frischer hellgrüner, rosa oder himmelblauer Tünche. Doch hinten hinaus dominieren – Resultat der Mangelwirtschaft und des alljährlichen Monsuns – Stockflecken und Moderbraun.

1: Das berühmte Strand Hotel wurde 1901 in der gleichnamigen Straße in viktorianischem Stil erbaut.

2: Nachmittags ist der gepflegte Mahabandoola Garten im Stadtzentrum gut besucht.

3: Das 1905 bis 1911 von den Briten errichtete Gebäude des Obersten Gerichtshofs ist in gutem Zustand.

Spaziergang durch das Gebiet zwischen Bogyoke Aung San Market und Strand Road beziehungsweise zwischen Shwedagon Pagoda Road und Thein Byu Road.

www.goruma.de/Staedte/Y/Yangon

1

2

GPS: 21° 10' N, 94° 52' O

3 Tempelebene Bagan

Sie steht in einer Reihe mit Jerusalem, Rom, Mekka, Benares oder Angkor Wat und überragt diese, was ihre Ausdehnung und die verschwenderische Vielfalt ihrer Architektur betrifft, sogar. Dennoch war Bagan, die an einer Biegung des Ayeyarwady gelegene, einstige Hauptstadt des mittelalterlichen Burma, fast die gesamte Neuzeit hindurch hinter dem Wahrnehmungshorizont des Westens verschwunden. Wer heute am Ostufer des großen Stromes, rund 200 Kilometer südwestlich von Mandalay, die flache Savanne erblickt, kann sich schwer vorstellen, wie es hier vor 800 Jahren aussah: Ausgedehnte Reisplantagen bedeckten dank ausgeklügelter Bewässerung die Ebene, und dichte Wälder die umliegenden Berge. Die Stadt in ihrer Mitte maß mehr als 40 Quadratkilometer und zählte eine halbe Million Einwohner, war 15-mal größer als die damalige City of London und beinahe so groß wie das heutige Manhattan. Und sie umfasste an die 13 000 Pagoden, Tempel und Klöster. Rund ein Sechstel davon, immerhin 2200, haben die Zeiten überdauert und bilden eines der großen architektonischen Wunder der Welt.

1: Über 2200 Tempel, Pagoden und Schreine stehen noch in der Flussebene.

2: Ein Sonnenuntergang im Ruinenfeld ist ein unvergessliches Reiseerlebnis.

3: Die beiden Buddhas stehen im Dhammayangyi-Tempel.

4: Im Inneren des Ananda-Tempels.

5: Ein liegender Buddha im Manuha-Tempel im Dorf Myinkaba.

6: Wandmalerei im Tempel Upali Thein.

Ticket: 18 Euro, fünf Tage gültig, Miet-Elektroroller ab 4,25 Euro/Tag, traditionell mit einer Pferdekutsche 18 Euro/Tag, ein einzigartiges Erlebnis ist eine Ballonfahrt zum Sonnenaufgang ab 285 Euro/Person, Flugdauer ca. eine Stunde.

www.faszination-suedostasien.de/reiseziele/myanmar/8255-bagan-mit-der-pferdekutsche-durch-die-alte-koenigsstadt
www.reisen-myanmar.net/bagan_environs.htm

Das Ruinenfeld von Bagan frühmorgens vom Korb eines Heißluftballons zu betrachten, zählt zu den unvergesslichsten Stunden im Leben eines jeden Reisenden.

GOLDEN

GPS: 20° 55' 1" N, 95° 14' 33"O

Mount Popa Taung Kalat 4

Ein Tagesausflug, den man nicht versäumen sollte, führt von Bagan 50 Kilometer weit Richtung Südosten zum Mount Popa. Bei ihm handelt es sich um einen 1000 Meter hohen, erloschenen Vulkan, der sich vor rund 2500 Jahren infolge eines heftigen Erdbebens abrupt aus dem kargen Flachland emporhob. Einer weit verbreiteten Vorstellung nach ist er die Heimstatt der Nat-Geister und deren Oberhaupts, des „Königs der Götter". Entsprechend ranken sich um den Berg, dessen steile Lavahänge ein dichtes Pflanzenkleid tragen („Popa" heißt Blume), seit alters viele Mythen. An seinem Fuß lädt ein bekanntes Kloster zur Einkehr. Der Hauptgipfel ist angesichts des strapaziösen Klimas nur etwas für sehr sportliche Naturen. Plausibler ist der Aufstieg über 777 Stufen auf den halb so hohen Nebenvulkan, den Taung Kalat. Für das schweißtreibende Unterfangen wird man mit einem Prachtpanorama belohnt.

1: Der Mount Popa Taung Kalat ragt 50 Kilometer entfernt von Bagan gen Himmel.
2: Diese Statuen verkörpern Nat-Geister, als deren Sitz der Vulkanberg gilt.

1

2

Einmalige Aussicht: Sonnenuntergang hinter dem Mount Popa vom Pool des Popa Mountain Resort.
www.myanmar-burma-reisetipps.de/mount-popa

1

GPS: 20° 39' N, 96° 56' 0

5 Inle-See

Er ist das zentrale Ziel im Shan-Staat: der 22 Kilometer lange, zehn Kilometer breite Inle-See. Seine Lage inmitten üppig grüner Berglandschaft macht ihn zu einem Naturjuwel ersten Ranges. Weltberühmtheit aber hat ihm das kleine Volk der Intha verschafft. Die „Söhne des Sees“ pflegen auf kuriose Weise mit einem Bein zu rudern. Sie bebauen schwimmende Gärten, wohnen in Pfahlhäusern und halten auch ihre Märkte auf dem Wasser ab.

1: Arbeit auf den schwimmenden Feldern.
2: Beinruderer haben die Hände zur Arbeit frei.
3: Die Pagode Phaung Daw Oo.
4: Der Blick von Indein auf das Stupafeld.

Ein Wochenticket in der „Inle Zone“ kostet 8,90 Euro.

www.myanmarexplorer.de/reiseziele-inle-highlights.htm

2

3

4

GPS: 17° 28' 54" N, 97° 5' 53" O

6 Kyaiktiyo – der Goldene Felsen

Die Pagode von Kyaiktiyo liegt circa 160 Kilometer nordöstlich von Yangon und 1100 Meter über dem Meeresspiegel. Ihre Hauptattraktion ist der „Golden Rock", der angeblich vor 1000 Jahren von einem König in einem magischen Boot vom Meeresgrund auf das Felsplateau befördert wurde. So gut wie jeder der jährlich etwa 10 000 Pilger erachtet es als heilige Pflicht, ein Plättchen Blattgold auf die Felsoberfläche zu applizieren.

1: Der Monolith von Kyaiktiyo wird von einem fünf Meter hohen Stupa bekrönt.
2: Abends entzünden die Pilger vor dem Fels Kerzen und beten.

Eintritt 5,35 Euro inklusive Fotogebühr, zwei Tage gültig. Unbedingt eine Hotelnacht nahe dem Kyaiktiyo einplanen und Sonnenuntergang und -aufgang genießen!

GPS: 17° 20' N, 96° 30' O

Pagoden in Bago 7

Die Stadt Bago fungierte schon im Reich der Mon vor 1200 Jahren als wichtiger Hafen. Ihre Blüte erlebte sie unter König Dhammazedi im 15. Jahrhundert, der damals eine Vielzahl von Schreinen, Tempeln und Pagoden bauen ließ, darunter die Kyaikpun-Pagode mit ihren vier kolossalen Buddha-Figuren. Am berühmtesten aber ist die ungleich ältere, 114 Meter hohe Shwemawdaw-Pagode.

3: Zwei mythische Löwen bewachen den Eingang zur Shwemawdaw-Pagode.
4: Täglich um elf Uhr findet im Kloster Kha Khat Wain die Mönchsspeisung statt.

Kombiticket für die wichtigsten Pagoden: 8,90 Euro, Kontrolle meist nur von 9 bis 16 Uhr.

Der Blick vom Mandalay Hill auf die Kuthodaw-Pagode. Ihr zentraler Stupa ist von einer langen Reihe kleiner Schreine, 729 insgesamt, umbaut. Sie bergen weiße Marmorplatten, auf denen der kanonische Text des Tripitaka verewigt ist.

GPS: 21° 57' 6" N, 96° 4' 43" O

8 Mandalay mit Mahamuni-Pagode

Eine Legende besagt, Buddha höchstselbst habe einst auf dem Mandalay Hill sitzend seinem Lieblingsschüler Ananda prophezeit, unten im Tal würde 2400 Jahre nach seinem Tod eine Stadt, ein Zentrum buddhistischer Lehre, entstehen. Tatsächlich existieren im Großraum Mandalay heute an die 2000 Klöster, in denen 30 000 Mönche leben. Am höchsten verehrt wird die Mahamuni-Pagode. Alten Chroniken zufolge entstand während der Reise des Buddha in den Norden des späteren Reiches Rakhine ein Ebenbild des Erleuchteten aus Bronze. 1784 verschleppte König Bodawpaya diese Statue von dort nach Amarapura. Mittlerweile ist der Mahamuni, der fast vier Meter hohe „erhabene Weise“, mit einer bis zu 35 Zentimeter dicken Schicht aus Blattgold bedeckt. Denn jeder Gläubige trachtet durch Auftragen eines hauchdünnen Plättchens danach, sein Karma zu verbessern.

1: Mandalays Königspalast im Abendlicht.
2: Die Mahamuni-Pagode ist eine der drei höchst verehrten Stätten in Myanmar.
3: Meditierender Mönch in einem Tempel auf dem Mandalay Hill.

GPS: 21° 58' 4" N, 96° 5' 7" O

9 Mandalay: Zentrum des Handwerks

Myanmarische Handwerksmeister nennen jene Bereiche, in denen sie einen besonders hohen Grad an Perfektionismus erreicht haben, metaphorisch die „zehn Blumen“. Dazu zählen Malerei, Lackkunst, Stukkatur, Holzschnitzerei, Modellieren, Bildhauerei, Buntmetallguss, Gold-, Silber- und Eisenschmiedearbeiten. Hauptstadt des Kunsthandwerks ist Mandalay. Wo einst Burmas letzter König residierte (und dessen Hofstaat für steten Bedarf an hochwertiger Ware sorgte), werden bis heute in zahlreichen Fachwerkstätten uralte Techniken hoch gehalten – mit oft archaischen Werkzeugen, immenser Sorgfalt und einer schier unendlichen Geduld, der das Motto, Zeit sei Geld, nichts anhaben kann.

1: Ein Steinmetz beim Schleifen einer Buddha-Statue.

2: Goldschnipsel werden mit schweren Hämmern zu hauchdünnen Opferplättchen geklopft.

3: An diesem Webstuhl entsteht ein erlesener Seidenlongyi.

4: Hier wird an einem Wandteppich letzte Hand angelegt.

www.go-myanmar.com/mandalay

GPS: 16° 46' N, 94° 44' O

10 Schirmherstellung in Pathein

Landesweit berühmt und auch ein beliebtes, daheim als Dekorelement oder Lampenschirm zu verwendendes Souvenir sind die farbenfrohen Regen- und Sonnenschirme aus Pathein. Anfangs, vor 100 Jahren, wurden sie aus Papier gefertigt. Heute bestehen sie überwiegend aus Seide, Satin oder Baumwolle, und die Halte- und Spannkonstruktion aus Bambus. Um ihnen möglichst lange Haltbarkeit zu verleihen, wird der Bambus vor der Verarbeitung ein Jahr lang in Schlamm gelagert. Den Baumwollstoff imprägniert man wahlweise mit Pinien- oder Dieselöl, Wachs oder einem speziellen Leim.

Bei Umzügen dienen die Schirme als schmückende Elemente. Ihr vorrangiger Zweck aber ist – heute auch in Hotels und an Touristenstränden – der Schutz vor Regen beziehungsweise direkter Sonneneinstrahlung.

5: Hier wird ein Prachtexemplar von Hand gefertigt.

Empfehlenswert: Besuch im „Shwe Sar Traditional Umbrella Workshop", No. 653 Tawyakyaung Road.

5

GPS: 21° 54' N, 96° 44' O

11 Sagaing

Eine der in unmittelbarer Nachbarschaft zu Mandalay gelegenen Königsstädte ist Sagaing. Die sattgrünen Hügel des Ortes sind durchsetzt mit 600 Klöstern und zahllosen weiß leuchtenden Pagoden, sowie überzogen von einem Netz aus mit Zedis überdachten Treppen. Höhepunkte sind die Umin-Thounzeh-Pagode mit ihren 45 Buddha-Statuen und der grandiose Ausblick vom Sagaing Hill auf die Tempel, Pagoden und den Ayeyarwady-Fluss.

1: Der Sagaing Hill im Ort gleichen Namens.
2: Die Buddha-Statuen mustern in der Umin-Thounzeh-Pagode die betenden Novizen.

Eintritt Sagaing-Mingun Archaeological Zone 2,70 Euro, fünf Tage gültig.

GPS: 22° N, 96° O

12 Ayeyarwady

Der Ayeyarwady, den Rudyard Kipling als „Road to Mandalay" literarisch besang und die Welt neuerdings auf Behördengeheiß Ayeyarwady zu nennen hat, ist unbestritten die Lebensader des Landes. Er entspringt in der Grenzregion zu Tibet, rauscht zunächst durch die engen Täler des Hochgebirges, mäandriert später im Tiefland über Mandalay Richtung Süden und fächert sich schließlich nördlich von Hinthada in ein riesiges, neunarmiges Delta auf.

Der Fluss ist zu drei Vierteln schiffbar und dient – in Ermangelung effizienter Fernstraßen – als der zentrale Transportweg. Vor allem aber bildet sein breites Becken seit Menschengedenken die Kernzone der burmesischen Geschichte, in der die meisten Machtzentren der diversen Reiche lagen.

3: Das IWT-Schiff Tauntaw, unterwegs auf dem Ayeyarwady.

Beliebteste Flussstrecke von Bagan nach Mandalay im Schnellboot ab 36 Euro; authentischer: Bhamo-Mandalay mit einer urigen IWT-Fähre mit Doppelkabinen in ca. zwei Tagen, dreimal wöchentlich.

3

GPS: 22° 3' N, 94° 59' O

13 Hpo-Win-Daung-Höhlen

Etwa 160 Kilometer westlich von Mandalay liegt am östlichen Ufer des Flusses Chindwin das Städtchen Monywa. Im Umland dieser mit inzwischen mehr als 300 000 Einwohnern zweitgrößten Stadt des Nordens wartet eine Reihe eindrucksvoller Sehenswürdigkeiten – die Shwe-Gu-Ni-Pagode zum Beispiel, der „Berg der Quelle“ (Twinn Daung) mit dem „See der Liebe“ (Myitta Kan) oder, besonders märchenhaft, die mit über einer halben Million Buddha-Bildnissen versehene Thanboddhay-Pagode, deren goldener Hauptstupa von sage und schreibe 845 Zedis umstanden ist.

Besonders spektakulär sind die Höhlen von Hpo Win Daung. Sie liegen, etwa 25 Kilometer von der Stadt entfernt, am Westufer nahe der Ortschaft Nyaungbingyi und sind überaus reich mit Stupas aus Sandstein, Buddha-Figuren sowie teilweise gut erhaltenen Wand- und Deckenmalereien bestückt. Benannt wurden sie nach U Hpo Win, einem Alchemisten, der in ihnen lange Zeit lebte. Die Einheimischen pflegen zu seiner Höhle zu pilgern, in der auch noch jener Mahlstein erhalten ist, mit dessen Hilfe der Mann einst seine angeblich Wunder wirkenden Heilmittel zubereitete.

Im Inneren jenes Höhenrückens namens Pondaung-pon-mya, der die Region nach Südwesten hin begrenzt, fanden Paläontologen übrigens faszinierende fossile Überreste von Hominiden. Der „Podaung-Mensch“ soll diese ziemlich unwirtlich heiße Gegend schon vor mehreren Millionen Jahren bevölkert haben.

1: Die Höhlen von Hpo Win Daung sind nach einem einst weithin bekannten Alchemisten benannt, der in ihnen lebte.

2: Das Spalier sitzender Buddhas schafft ohne Zweifel eine die Konzentration fördernde Atmosphäre.

Ticket 1,80 Euro, Tuk-Tuk-Fahrt von Monywa kostet 27 Euro mit Wartezeit, eine Strecke dauert circa 1,5 Stunden.

1

2

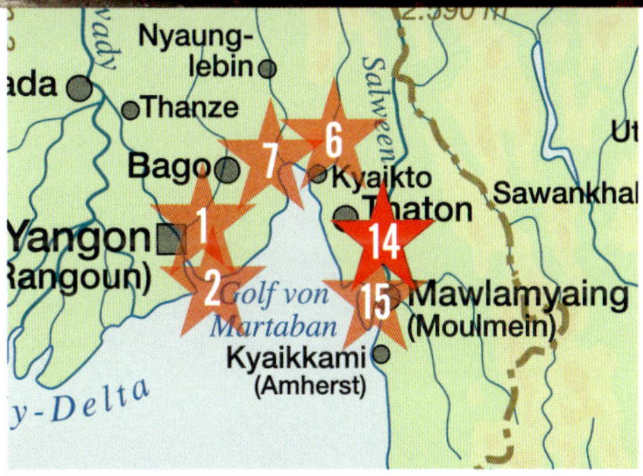

GPS: 16° 53' N, 97° 38' O

14 Hpa-an

Erst seit Mitte der 1990er-Jahre für Touristen frei zugänglich und immer noch vergleichsweise wenig besucht ist Hpa-an, die Hauptstadt des Staates der Karen (Kayin). Ihr Baubestand ist von mäßigem Interesse. Umso spektakulärer ist die Landschaft um sie herum: Aus sattgrünen Reisfeldern ragen einzelne, des öfteren von Klöstern und Pagoden bekrönte Felsnadeln. Spektakuläres Beispiel: das Höhlenkloster von Kawt Gon. Besonders faszinierend sind in dessen großer Felsenhalle die über zehntausend tönernen Buddha-Reliefs an Decken und Wänden. Westlich von Hpa-an liegt malerisch an einem kleinen Stausee das Kloster Bayin Nyi. In der nahen Höhle gleichen Names stößt man ebenfalls auf zahlreiche Buddha-Statuen, die ein anwesender Mönch gegen einen kleinen Obolus mittels Stromgenerator illuminiert. In der Regenzeit ist der gesamte Kloster-Fels-Komplex, zu dem man das restliche Jahr über auf festem Pfad gelangt, oft nur per Ruderboot erreichbar.

Ebenfalls beeindruckend ist – sowohl ihrer Lage als auch ihrer Größe wegen – die etwa 35 Kilometer von Hpa-an entfernte Saddar-Höhle. Sie gleicht mit ihren bizarren Tropfsteinformationen einer regelrechten Felskathedrale, der reicher religiöser Dekor zusätzlich weihevolle Atmosphäre verleiht. Die wundersame Szenerie aus Stalagmiten und Stalaktiten ist gespickt mit golden gleißenden figuralen Buddha-Darstellungen. Manche Statuen hat man direkt unter der Höhlendecke auf Felsvorsprüngen platziert. In kleinerer Version finden sich viele, aus Ton als Halbreliefs gefertigt, an die Wände geklebt. Und beim Gang durch das unterirdische Labyrinth laden mehrere Andachtsstellen zur Einkehr.

3: Lichtmagie dank Sonnenstrahlen in der Saddar-Höhle.

4: Kloster und Höhle von Bayin Nyi liegen zwischen Thaton und Hpa-an.

Am Ausgang der Saddar-Höhle stößt man auf einen kleinen, schilfgrünen See. Auf ihm gleiten Besucher in Holzbooten hinaus ins Freie auf einem schmalen Kanal. Ihn entlang fährt der „Kapitän“ mit übermannshohen Stangen stakend seine staunenden Passagiere zurück zum Höhleneingang.

GPS: 16° 38' N, 97° 30'

15 Mawlamyaing – Pagode Nwa La Bo

Unweit der Mündung des Flusses Thanlwin in die Andamanensee liegt die Hauptstadt des Mon-Staates: Mawlamyaing. Mit rund 350 000 Einwohnern heute Myanmars drittgrößtes urbanes Zentrum, war sie früher unter dem Namen Moulmein bekannt und ein überregional wichtiger Hafen. In ihrem Kern weist die Stadt wenige Attraktionen auf, ihren grünen Rand überragt hingegen eine Reihe prächtiger Pagoden – allen voran die Anlage von Kyaik Than Lan.

Und auch im nahen Umland locken mehrere Sehenswürdigkeiten. So erhebt sich etwa 20 Kilometer nördlich, nahe der Ortschaft Kyone Ka, die Pagode Nwa La Bo. Das aus drei vergoldeten Felsblöcken bestehende Heiligtum wurde 911, fünf Jahre früher als der ungleich berühmtere Goldene Felsen Kyaiktiyo, von einem Eremit namens Taik Tha errichtet. Historiker behaupten, im mittleren Felsen befinde sich ein Haar des Buddha.

Wer sich hingegen über Land nach Süden auf den Weg macht, passiert – kurz vor dem Städtchen Mudon – eine kuriose Attraktion: Zinathukha Yan Aung Chanta, den mit 180 Metern längsten liegenden Buddha der Welt. Mit dem Bau der kolossalen, 34 Meter hohen Figur wurde 1991 aufgrund der Vision eines altehrwürdigen Mönches begonnen. Vor wenigen Jahren vollendet, birgt sie in ihrem Inneren ein zwölfstöckiges Kloster mit 200 Zimmern.

1: Die nahe Kyone Ka gelegene Pagode Nwa La Bo gilt als eine Art kleiner Bruder des Goldenen Fels von Kyaiktiyo.
2: Der 180 Meter lange Buddha liegt in einem Wald namens Win Sein Taw Ya.

Nwa La Bo: Weitsicht bis zum Golf von Mottama, 20 Kilometer nördlich von Mawlamyaing, per Moped 6 Euro/Tag zum Dorf Kyone Ka, dann per Truck mit Holzbänken auf Ladefläche für 1 Euro/ Person in 20 Minuten auf den Berg.
www.mawlamyine.com

GPS: 16° 44' N, 94° 22' O

Strand Ngwe Saung 16

Von seiner tropisch-idyllischen Seite zeigt sich Myanmar an seinem Westrand, entlang der Andamanensee: Durch den Gebirgszug Rakhine Yoma vom Landesinneren getrennt, bildet das Küstenland eine ethnisch und kulturell sehr eigenständige Welt. Vor allem aber säumen hier zahlreiche Traumstrände mit feinem Sand, Kokospalmen und einer noch sehr diskreten touristischen Infrastruktur das kristallklare Meer.

Eine Vorstellung von der Schönheit der Küste verschafft allein schon ein Abstecher von Pathein, dem Zentrum des Ayeyarwady-Delta, zu dem kaum mehr als eine Autostunde entfernten Badeort Chaungtha. Er empfängt Gäste mit einem herrlich breiten, ergo ideal für vielerlei Sportarten geeigneten, Strand. Noch prächtiger präsentiert sich ein Stück südlich Ngwe Saung, der 14 Kilometer lange „Silberstrand“. An ihm sind freilich in jüngsten Jahren etliche Hotelanlagen aus dem Boden gewachsen.

3: Der Ngwe Saung Beach wurde erst im Milleniumsjahr offiziell „eröffnet“.

4: Oft helfen die Frauen der Fischer beim Einziehen der Netze.

Ausflug mit dem gemieteten Motorbike (7,30 Euro am Tag) zu dem Fischerdorf Sinma, knapp 20 Kilometer südlich.

THAILAND – KÖNIGREICH ZWISCHEN TRADITION UND BOOM

Ist von Thailand die Rede, steigen wohl jedem kälte- und nebelgeplagten Europäer vor dem geistigen Auge zunächst Bilder von paradiesischen Tropenszenerien auf. Silbersandige Strände, gesäumt von sattgrünen Palmenhainen, mancherorts auch steilwandigen Karstkegeln; der Küste vorgelagert und von türkisem Wasser umspült: Korallenriffe und Eilande, so makellos, als hätten Hersteller von Ferienprospekten sie virtuell mittels Photoshop-Programm fabriziert. Kein Wunder, dass dieses Königreich, das mit 513 000 Quadratkilometern etwa eineinhalbmal die Fläche Deutschlands umfasst und rund 70 Millionen Einwohner zählt, von allen Staaten Südostasiens mit Abstand die meisten Auslandsgäste anlockt – plusminus zwanzig Millionen im Schnitt der letzten Jahre. Und kein Wunder auch, dass der Tourismus mittlerweile rund zehn Prozent zum Bruttoinlandsprodukt beiträgt und als Devisenbringer längst den Reis überholt hat, der noch vor zwei Generationen die Haupteinnahmequelle der Thais darstellte.

Das Reich König Bhumibols, der übrigens, 1946 inthronisiert, sein Amt inzwischen so lange wie weltweit kein zweites Staatsoberhaupt ausübt (Stand Sommer 2016), ist zwar beileibe nicht nur, aber eben auch, ein Badeidyll für sonnenhungrige Nordländer. Seine Landschaften schmeicheln, von den Gestaden des Südens über die Reisterrassen des Menam-Beckens und die teilweise zumindest noch dicht bewachsenen Hügelzüge an deren Rändern bis zum savannenhaften Khorat-Plateau im Nord-

Eindrücke aus Thailand: Wat Mahathat in der Ruinenstätte von Alt-Sukhothai (oben).
Von rechts nach links: Wat Arun, der „Tempel der Morgenröte“, gelegen im Herzen Bangkoks direkt am Fluss Chao Phraya. – Ein Dickhäuter im Elephant Nature Park von Chiang Mai. – Der nahe Chaing Rai von dem Künstler Chalermchai Kositpipat geschaffene Tempel Wat Rong Khun.

Bangkok

Elephant Nature Park

Wat Rong Khun

osten und dem Bergland mit seinen Regenwäldern und Wasserfällen im Nord(west)en, auf vielfältige und bezaubernde Art dem Auge. Auch die Bandbreite möglicher Freizeitunternehmungen in dieser Prachtnatur, vom Tauchgang oder Elefantenritt bis zur Kajakfahrt, Kletter- oder Trekkingtour, ist enorm. Von den sinnbetörenden Märkten mit ihrem Kunterbunt an kulinarischen und kunstgewerblichen Hervorbringungen gar nicht zu reden. Luft und Wasser sind jahraus jahrein wohlig temperiert. Schwärmerische Synonyme wie das vom „Land aus Samt und Seide“ kommen also nicht von ungefähr. Selbst hinter der Vorstellung vom vermeintlich ewigen Lächeln seiner Bewohner steckt, wie hinter den meisten Klischees, mehr als ein Korn Wahrheit. In der Tat fühlt sich, wer aus dem oft grauen, hektisch-aggressiven Westen kommt, hier durch Farben und Lebensfreude gewärmt und auf besonders schöne Weise willkommen geheißen. Thais sind zu 95 Prozent Buddhisten und als solche für gewöhnlich bestrebt, den ruhigen Gang der Dinge nicht zu stören. „Mai Pen Rai“, „es macht nichts“ – so pflegen sie die kleinen Schwächen und Fehler der Mitmenschen gerne zu kommentieren. Dieser Geist der Geduld, Rücksicht und Besänftigung gebiert jene spezielle Gastfreundschaft, die man hierzulande in der gehobenen Hotellerie und Gastronomie früh schon in einem Maß perfektioniert hat, wie man es rund um den Globus sehr selten findet.

Wat Arun, der „Tempel der Morgenröte“, ist das Wahrzeichen der thailändischen Hauptstadt schlechthin. Er ziert mit gutem Grund die Zehn-Baht-Münze und dient dem nationalen Fremdenverkehrsamt als Logo.

CHAOPHRAYA CRUISE
Bangkok
02-541-5599
0-2541-5599

ℹ GPS: 13° 45' N, 100° 31' O (Baiyoke Tower: GPS: 13° 45' 11" N, 100° 32' 22" O)

17 Bangkok

Keine Frage, Thailands Metropole zählt eher nicht zu den Städten dieser Welt, in die sich Neuankömmlinge Hals über Kopf verlieben. Schon die Fahrt vom Suvarnabhumi Airport, über den das Gros der Gäste anreist, offenbart einen Moloch. Das Häusermeer ist schier end- und ziemlich gesichtslos, die Luft zum Schneiden und der Verkehr mit dem Wort Tohuwabohu noch beschönigend beschrieben.

Am Beispiel Bangkoks zeigt sich aber auch, wie beharrlich und hingebungsvoll die Thais solch äußeren Widrigkeiten zum Trotz ihr geistiges Erbe pflegen: Die „Stadt der Engel" (Krung Thep), wie dieser am Fluss Chao Phraya gelegene Moloch in der Sprache der Einheimischen heißt, bietet in ihrem wuseligen, historischen Kern nicht nur jede Menge authentisches Flair in Gestalt unzähliger Lokale, Läden und Straßenmärkte (erwähnt seien nur der Nakorn-Kasem-Markt in Chinatown, der Khao-Markt zwischen Sampeng Lane und Yaowarat Road oder der Silom-Markt im Bezirk Patpong). Bangkok birgt in seinem Herzen mit dem großen Palastbezirk und dem Tempel Wat Phra Kaeo auch ein Kulturdenkmal von beispielloser Pracht und spiritueller Kraft. Und auch die übrige Innenstadt ist gespickt mit Wats, glänzenden Tempelklöstern, die – man denke etwa an Wat Arun, Wat Pho oder den Erawan-Schrein – den Gläubigen als Segenspender und auch Quellen zeitloser Anmut dienen.

1: Der Erawan-Schrein dient dem benachbarten Hotel Grand Hyatt Erawan als Haustempel.

2: Das Kunst- und Kulturzentrum Bangkok fungiert als Museum für zeitgenössische Kunst.

3: Eine der Mega-Shopping Malls der Hauptstadt: Central World in der Ratchadamri Road.

4: Bei In- und Ausländern populär: das MBK Shoppingcenter alias Mahboonkrong.

Tipp: Sundowner auf dem Baiyoke Tower 2, geöffnet täglich 10.30 bis 22.30 Uhr, Eintritt inklusive Getränk in der Skybar 10 Euro, 360 Grad drehende Aussichtsplattform im 84. Stock, 222 Rachaprarop Road Soi 3, Bangkok.

www.thailandtourismus.de/bangkok
www.bangkok.com
www.klick-thailand.de/zentralthailand/bangkok/sehenswuerdigkeiten

3

4

GPS: 13° 45' 5" N, 100° 29' 33"

18 Bangkok: Königspalast und Wat Phra Kaeo

Bangkok besitzt mehr als 400 buddhistische Heiligtümer. Das landesweit wichtigste und wohl auch meistbesuchte ist Wat Phra Kaeo, der Tempel des legendären Smaragd-Buddha. Er bildet das Zentrum eines Sakralbezirks, der sich 220 000 Quadratmeter groß am rechten Ufer des Mena Chao Phraya erstreckt, und gilt als Thailands Nationalheiligtum. Seine Fassade ist über und über mit vergoldeten Garudas, Nagas und anderen Schmuckfiguren übersät. Delikate Perlmuttintarsien zieren Türstürze und Fenster. Im Inneren der Kapelle, deren Wände mit Szenen aus dem Leben Buddhas und dem Ramakien kostbar bemalt sind, zieht der Smaragd-Buddha, obwohl nur 75 Zentimeter hoch, alle Blicke auf sich.

Der benachbarte Königspalast diente einst den Herrschern von Siam als offizielle Residenz. Heute ist er, nachdem die Königsfamilie längst im Chitralada-Palast in Dusit wohnt, Museum und wird nur noch für hohe Empfänge und Zeremonien genutzt. Beherrschendes Gebäude des großen, ummauerten Areals (zu dem auch der Tempelbezirk Wat Phra Kaeo gehört) ist der – leider nicht öffentlich zugängliche – Große Chakri-Palast. Der westlich angrenzende Pavillon (Dusit Maha Prasad), überaus anmutig über kreuzförmigem Grundriss errichtet und mit vierstufigen, rot-grünglasierten Dächern versehen, stammt aus der Zeit Rama I. Seinen Audienzsaal kann man ebenso besichtigen wie den Vorderbereich der „Hohen Residenz“ (Mahamontien) mit jenem Amarindra Vinichai („Göttliche Entscheidung“) genannten Saal, in dem König Bhumibol am 5. Mai 1950 gekrönt wurde und hernach, bis zu seiner Erkrankung, häufig feierlichen Staatsempfängen vorsaß.

1: Die Kinara, eine mythische Vogel-Frau, steht vor dem königlichen Pantheon.
2: Königspalast und Wat Phra Kaeo bilden Bangkoks meistbesuchte Touristenattraktion.

***Geöffnet:** täglich, außer an buddhistischen Feiertagen, 8.30 bis 15.30 Uhr,*
***Eintritt** 12,50 Euro inklusive Informationsbroschüre in Deutsch, auf Knie und Schulter bedeckende Kleidung achten!*

1

2

GPS: 13° 31' N, 99° 58' O

19 Schwimmender Markt in Damnoen Saduak

Floating Markets sind so gut wie überall verschwunden. Lediglich in Damnoen Saduak, einem Vorort von Ratchaburi, hat sich noch ein authentisches Exemplar erhalten. Das bunte Treiben, das hier zwischen den mit Obst und Gemüse, Fisch und Fleisch beladenen Booten herrscht, vermittelt eine Vorstellung davon, wie pittoresk es einst in den Klongs von Bangkok zuging.

3: Hier funktioniert die lokale Versorgung noch.
4: Talat Nam heißen die „schwimmenden Märkte“.

Circa 100 Kilometer westlich von Bangkok, täglich, Markttreiben am besten vor 9 Uhr von einer Kanalbrücke beobachten, einstündige Bootsfahrt 7,50 Euro pro Person.
www.klick-thailand.de/zentralthailand/schwimmende-maerkte

GPS: 14° 21' N, 100° 34' O

20 Tempelanlagen in Ayutthaya

Das Ruinengelände von Ayutthaya erinnert eindrücklich an das ehemalige Königreich gleichen Namens, das Mitte des 14. Jahrhunderts aus einem Ableger des Khmer-Imperiums entstand, rasch zur führenden Macht im gesamten Menam-Becken aufstieg und erst 1767 nach einer Phase des Niedergangs von den Birmanen überrannt und zerstört wurde. Die Residenzstadt, von der aus während gut 400 Jahren 33 Könige über Siam regierten, wurde, strategisch sehr günstig, in einer Schleife des Menam Chao Phraya, am Zusammenfluss insgesamt dreier Flüsse auf einer Insel erbaut und zu ihrer Blütezeit von westlichen Besuchern ob ihrer Pracht überschwänglich beschrieben. Etwa 70 Kilometer von Bangkok gelegen, zählt die Ruinenstadt, deren Relikte seit den 1950er-Jahren nach und nach vom Dschungelbewuchs befreit, restauriert und 1991 von der UNESCO zum Weltkulturerbe geadelt wurden, zu den am besten erhaltenen historischen Sehenswürdigkeiten Zentralthailands. Der schönste und bedeutendste ihrer ursprünglich rund 375 Tempel war die Anlage von Wat Phra Si Sanphet, die einst als Staatstempel diente. Sie wurde im 15. Jahrhundert von König Boromatrailokanat errichtet und beeindruckt selbst als Ruine bis heute. Weitere Highlights sind Wat Chai Watthanaram, Wat Mahathat und Wat Phanan Choeng.

1: Der berühmte Buddhakopf zwischen Wurzeln im Wat Mahathat.
2: Das Gelände von Wat Mahathat ist gespickt mit Statuen „des Erleuchteten“.
3: Wat Phra Si San Phet – der größte Tempel im ehemaligen Königspalast.
4: Ein Mönch im Wat Yai Chai Mongkoi.

Täglich 8 bis 17 Uhr geöffnet, Eintritt zwischen 0,50 und 1,25 Euro oder Sammelticket für sechs Haupttempel 5,50 Euro, Fahrradtour durch den Palastkomplex Tagesmiete 1 Euro, bequemer per Moped für 5 Euro.
www.thailandsun.com/ayutthaya

3

4

1

GPS: 13° 7' N, 99° 57' O

21 Khao-Luang-Höhle

Die von eindrucksvollen Bergketten umkränzte Provinzhauptstadt Phetchaburi mit dem verheißungsvollen Namen „Stadt der Diamanten“ ist etwas für leidenschaftliche Tempelbesucher. Wo man einst Edelsteine zu Tage förderte und – ein Chinesenviertel zeugt noch heute davon – emsig Überseehandel betrieb, harren mehr als zwei Dutzend Heiligtümer der Erkundung. Von der Mon- über die Khmer- bis zur Ayutthaya-Architektur finden sich Stilelemente aus vielen Jahrhunderten versammelt. Sehenswert ist, nicht zuletzt wegen der grandiosen Aussicht von der Anhöhe, der Sommerpalast Phra Nakhon Khiri, den sich König Mongkut in den 1850er-Jahren auf dem stadtnahen Hügel Khao Khlang errichten ließ.

Die große Attraktion im Umland Phetchaburis, das übrigens zu den ältesten Städten Thailands gehört, stellt die Khao-Luang-Höhle dar. Sie ist zum einen mit ihren wunderschönen Tropfsteinformationen ein Naturdenkmal allerersten Ranges. Zum anderen dient sie gläubigen Buddhisten mit ihrem Chedi und den Statuen des Erhabenen als Kultstätte und Pilgerziel, an dem angeblich selbst König Monkut alias Rama IV. Mitte des 19. Jahrhunderts in seiner Zeit als Mönch meditierte. Wenn, wie bei wolkenlosem Himmel um die Mittagszeit üblich, durch die natürliche Öffnung in der Decke ein Lichtstrahl ihr düsteres Inneres erhellt, erlebt man ihre nahezu mystische Aura.

1: Ein Highlight unter den Sehenswürdigkeiten der uralten Stadt Phetchaburi ist Tham Khao Luang, eine Tropfsteinhöhle, die gleichzeitig als Tempel dient.

2: Eine betende Nonne vor einer golden gewandeten Buddha-Statue im Eingangsbereich.

Eintritt frei, Tuk-Tuk von der Stadt 5 Euro mit Wartezeit.
www.chaam.de/tham-khao-luang-phetchaburi.php

2

GPS: 17° 1' 2" N, 99° 42' 13" O

22 Sukhothai Historical Park

Die am Nordrand des Menam-Beckens gelegene Ruinenstätte von Alt-Sukhothai ist ein zentraler Ort nationaler Identität und eine Pflichtstation auf jeder Kultur-Rundreise. Von hier lenkte ab 1238 ein gewisser Sri Indraditya, nachdem er sich aus dem Griff der bislang von Angkor aus über die Region regierenden Khmer befreit hatte, als erster König der Thai die Geschicke des neuen Reiches von Siam. Unter seinem Nachfolger, König Ram Kamhaeng, wurde die bis heute gebräuchliche thailändische Schrift entwickelt. Die Künstler von Sukhothai lösten sich damals von Einflüssen aus der indischen und der Khmer-Kultur und entwickelten jenen neuen bildhauerischen Stil, dessen weiche, elegante Formen heute als klassisch gelten.

Das gesamte Ruinenfeld misst etwa 70 Quadratkilometer und umfasst an die 40 Tempelanlagen. Es wurde in den späten 1980er-Jahren als Geschichtspark gestaltet und wenig später zum UNESCO-Weltkulturerbe geadelt. Alt-Sukhothais ursprünglich mit Erdwällen und Wassergräben befestigter Kernbezirk enthält die imposanten Reste des ehemaligen Königspalastes und auch jene von Wat Mahathat, das mit seinen mehr als 200 Chedis seinerzeit das Hauptheiligtum bildete. Einen guten Überblick über die Vielfalt an Tempelresten und Kunststilen verschafft anhand zahlreicher vor Ort gefundenen Statuen, Stuckarbeiten und Keramiken das Ram-Khamhaeng-Nationalmuseum, das man Mitte der 1960er-Jahre schon im Herzen der Altstadt eingerichtet hat.

1: Staunen vor dem Mondop des Wat Sri Chum.
2: Ein betender Mönch vor der Kolossalstatue im Wat Sri Chum.
3: Abendstimmung über Alt-Sukhothai, der Hauptstadt des gleichnamigen Königreiches aus dem 13. Jahrhundert.

www.thailandtourismus.de/urlaub/reiseziele/norden/sukhothai.html
www.klick-thailand.de/nordthailand/sukhothai

1

2

1

2

GPS: 18° 48' 17" N, 98° 55' 18" O

23 Chiang Mai: Wat Phra Doi Suthep

Die Metropole des Nordens ist zwar hinsichtlich ihrer Einwohnerzahl (circa 210 000) nur die sechstgrößte Stadt des Landes. Doch gilt sie gemeinhin als seine schönste. Im ausgehenden 13. Jahrhundert von den Königen des unabhängigen Reiches Lan Na zur neuen Residenz erkoren, wuchs die Siedlung rasch zu einem Zentrum des Theravada-Buddhismus heran. Insgesamt mehr als 200 Tempelklöster, darunter solche Juwele wie die Wats Chedi Luang, Phra Sing und Chiang Man, Phan Tao, Phan Waen und Muen Ngon Kong, verleihen ihrem historischen, von einer Mauer quadratisch eingefassten Kern das Gepräge eines Freilichtmuseums und machen ihn im Verbund mit dem reich bestückten Nationalmuseum zu einer Pflichtstation für Architekturliebhaber. Mit gutem Grund wird Chiang Mai bis heute gerne „Stadt der goldenen Tempel" genannt.

Das alles überragende Wahrzeichen Chiang Mais thront 20 Kilometer außerhalb auf einer Terrasse des fast 1700 Meter hohen Doi Pui: die Klosteranlage Wat Phra Doi Suthep. Sie zählt zu den meist verehrten buddhistischen Heiligtümern ganz Nordthailands und ist wahlweise über eine imposante, 300-stufige Treppe beziehungsweise eine Standseilbahn zu erreichen. Ihr zentrales Heiligtum birgt die hochverehrte Statue eines sitzenden Buddha.

1: Mittelpunkt von Wat Doi Phra Suthep ist der in Gold erstrahlende, 20 Meter hohe Chedi.
2: Goldene Glöckchen versinnbildlichen die Wünsche der Gläubigen nach einer besseren Zukunft.
3: Dreimal im Uhrzeigersinn umrunden die Gläubigen mit ihren Opfergaben das Allerheiligste.

Täglich geöffnet, Eintritt 1 Euro, von Tempelterrasse herrlicher Ausblick über die Stadt.
www.chiangmai-thailand.de

3

GPS: 19° 13' 0" N, 98° 51' 40" O

24 Elephant Nature Park

Ob als Arbeitstier oder hochverehrtes, heiliges Wesen: Elefanten genießen in Thailand traditionell einen Sonderstatus. Bis heute werden sie in der Holzwirtschaft beim Transport von Baumstämmen eingesetzt. Ihre spirituelle Bedeutung rührt einerseits von Ganesha, dem berühmten Hindu-Gott des Wissens, andererseits von der zentralen Rolle, die der Legende nach ein weißer Elefant um die Geburt Siddharta Gautamas, des späteren Buddha, spielte. Eine beglückende Begegnung mit den sanften Riesen kann man in Chiang Mai im Elephant Nature Park erleben. Dieser wurde in den 1990er-Jahren gegründet, um die in freier Wildbahn arg dezimierten Bestände zu schützen.

1: Ein Mahut betreut „seine" Elefantenherde.
2: Touristen baden die Dickhäuter im Fluss Mae Tang.
3: Die Gründerin des Elephant Nature Park Sangduen Lik Chailert mit einem kleinen Elefanten.

Tagesbesuch von 8 bis 17 Uhr ab 62 Euro inklusive Transfer von Chiang Mai, Eintritt, eigenhändigem Baden und Füttern der Dickhäuter, Mittagessen, auch Volunteer-Programme.
www.elephantnaturepark.org

2

3

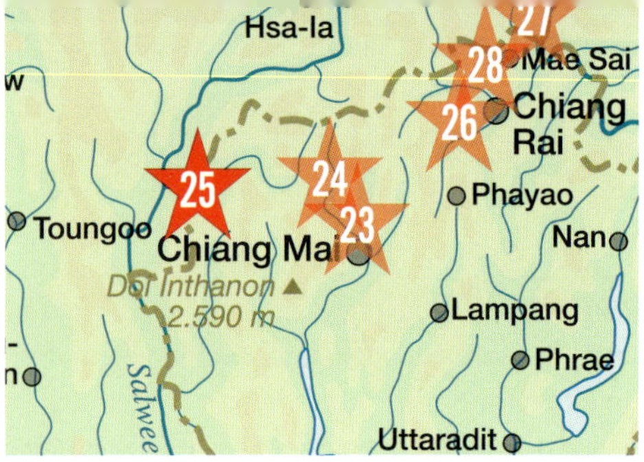

GPS: 19° 18' N, 97° 54' O (Karen)

25 Minoritäten im Norden

Thailands gebirgiger Norden gleicht, was die dort lebenden Ethnien betrifft, einem bunten Fleckenteppich. Als größte Volksgruppen gelten die Hmong, Meo, Mien, Lahu, Lisu, Akha und Karen. Ihnen allen ist gemein, dass sie erst seit dem späten 19. Jahrhundert politischer Bedrängnisse wegen aus ihren ursprünglichen Stammländern China, Tibet, Burma in ihre heutige Heimat zuzogen und animistischen Glaubensvorstellungen anhängen. Viele leben als halbnomadische Wanderbauern. Ein gemeinsames Merkmal ist auch ihr überdurchschnittliches handwerkliches Geschick. Wobei die Pauschalbezeichnung „Bergvölker“ eine sträfliche Verallgemeinerung darstellt, da sich die einzelnen „Hilltribes“, auch wenn ihre Dörfer oft direkt benachbart liegen, nach Herkunft, Sprache und Sitten stark unterscheiden.

Eine zahlenmäßig kleine, aber kulturell sehr eigenständige Ethnie bilden die Akha. Sie leben, verteilt auf circa 300 Dörfer, mehrheitlich in Pfahlhütten aus Bambus. In abgelegenen Gegenden bauen sie noch Opium an. Doch steuert die Regierung mit Hilfsprojekten gegen, indem sie ihnen durch Förderung des Trekking-Tourismus ein nachhaltiges Zusatzeinkommen zu verschaffen sucht.

Die mit Abstand größte Gruppe der Bergvölker bilden die Karen. Seit ihre Vorfahren aus der südchinesischen Provinz Yunnan in das heutige Grenzland zwischen Thailand und Myanmar einwanderten, pflegen sie eine weitgehend sesshafte Lebensweise.

1: Eine Frau aus der nahe dem Goldenen Dreieck beheimateten Ethnie der Padaung.
2: Etwa 7000 der ursprünglich aus Myanmar stammenden Padaung leben heute in Thailand.
3: Bunt gewandet und gut gelaunt: Mädchen vom Volk der Lisu.
4: Dorfalltag beim Bergvolk der Akha.

www.thailandtourismus.de

1

2

3

4

GPS: 19° 49' 27" N, 99° 45' 48" O

26 Chiang Rai: Wat Rong Khun

Der kunstvoll verzierte Wat Rong Khun, weithin auch unter der Bezeichnung „Weißer Tempel" bekannt, erhebt sich zwölf Kilometer südlich von Chiang Rai zwischen den Orten Bua Sali und Pa O Don Chai. Der Komplex erregte anfangs allein wegen seines strahlend weißen Äußeren Aufsehen, symbolisiert diese Farbe in Thailand doch seit alters her Trauer. Einigermaßen versöhnt werden Traditionalisten erst im Inneren des Bot, der Versammlungshalle der Mönche: Denn deren Wandmalereien sind in den dafür üblichen Goldtönen gehalten. Umso unkonventioneller ist dafür die Formensprache: Eine kühn geschwungene Brücke steht für den Übergang aus der samsarischen Welt der Wiedergeburt in die leidenslose Sphäre des buddhistischen Nirwana. Am Eingang erwartet den Ankömmling ein großer, mit Fangzähnen bestückter Kreis – symbolisch für das Maul des Mara, des personifizierten Prinzips von Unheil, sprich: all die Fährnisse des irdischen Lebens. Und das Dach zieren vier Figuren: Elefant, Löwe, Schwan und eine Naga, ein mythologisches Schlangenwesen. Sie repräsentieren die vier Elemente Erde, Feuer, Wind und Wasser.

Die Pläne für den gesamten Komplex entwarf der thailändische Allround-Künstler Chalermchai Kositpipat. Er arbeitet mit seinem Team seit 1998 auch eigenhändig vor Ort an ihrer Verwirklichung. Der Maler, Bildhauer und Architekt wurde 1955 in der Provinz Chiang Rai geboren. Seine Gemälde, Skulpturen und Bauwerke sind ein Mix aus traditioneller thailändischer Kunst und modernem Design.

1: Mönche bestaunen den „Weißen Tempel".
2: Wat Rong Khun ist bis in das kleinste Detail kunstvoll gestaltet.

Eintritt frei, Tempelkomplex mit Kunstgalerie „Hall of Masterworks", beides täglich 8–18 Uhr geöffnet.
www.klick-thailand.de/nordthailand/chiangrai

1

2

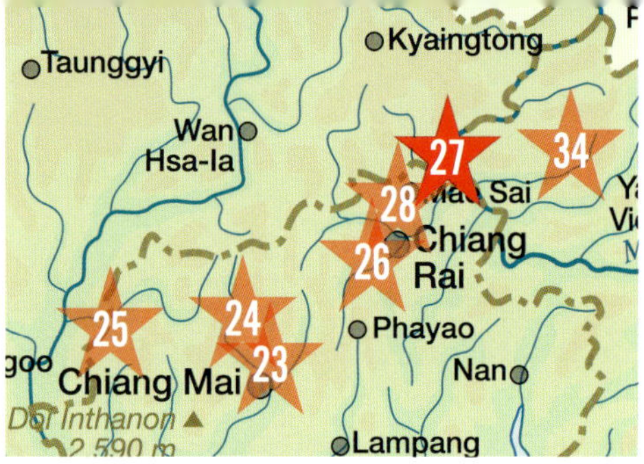

GPS: 20° 21' 20" N, 100° 4' 53" O

27 Goldenes Dreieck

Die Region im Dreiländereck der Staaten Myanmar, Laos und Thailand genießt weltweit einen sehr zweifelhaften Ruf. Der Grund: Ihr Name gilt als Synonym für die Opium- und Heroinherstellung beziehungsweise den international vernetzten Handel mit diesen Drogen. Der Begriff bezieht sich zum einen auf die geometrische Form des besagten Gebiets, zum anderen vermutlich auf das Gold, mit dem chinesische Dealer anfänglich das Opium bezahlten. Ursprünglich begonnen haben mit dem Schlafmohnanbau Einwanderer aus China. Er hat bei den hier ansässigen Bergvölkern eine entsprechend lange Tradition.

Nachdem in jüngerer Vergangenheit der sogenannte Goldene Halbmond mit dem Zentrum Afghanistan in Bezug auf die Versorgung der Welt mit Heroin der Grenzregion am Mekong den Rang abgelaufen hat, ist deren touristische Bedeutung gewachsen. Von Chiang Rai aus, der 700 Jahre alten Residenzstadt des Königreiches von Lan Na, lässt sich die Region mittlerweile bequem bereisen. Das Straßennetz ist gut ausgebaut, die Zahl an Sehenswürdigkeiten groß. Den nördlichsten Punkt des „Dreiecks" markiert die Grenzstadt Mae Sai. Als starker Magnet für Ausflügler fungiert das schon sehr kommerzialisierte Dorf Sop Ruak. Ganz in der Nähe liegt, in herrliche Berglandschaft gebettet, Chiang Saen mit seinen beeindruckenden, mehr als 700 Jahre alten Tempelruinen. Weiter südöstlich lohnt die Stadt Nan mit ihrem Museum und dem Tempel Wat Phumin genauere Beachtung.

1: Ein Goldener Buddha im Dorf Sop Ruak.
2: In diesem Abschnitt des Mekong grenzen Laos, Thailand und Myanmar aneinander.

Tipp: Blick auf das Dreiländereck in Sob Ruak; Schlemmertipp: ab 17 Uhr gegrillter Fisch an der Uferpromenade in Chiang Saen.
www.klick-thailand.de/nordthailand/goldenes-dreieck

1

2

GPS: 20° 13' 36" N, 99° 48' 25" O

28 Tempel des Goldenen Pferdes

Der Mönch Phra Khru Bah Nuachai Kosito, ein ehemaliger Thai-Boxer und Soldat, lebt nahe der thailändisch-burmesischen Grenze im Goldenen Dreieck. Die Legende besagt, dieser „Tigermönch", so der offenbar seiner Courage verdankte Spitzname, habe, einer während Meditationen auftauchenden Vision folgend, vor gut 20 Jahren eine erfolgreiche Karriere als Thai-Boxer, also Ruhm und potentiellen Reichtum, aufgegeben, um sein Leben fortan ganz und gar der Lehre des Buddha zu widmen. Daraufhin unternahm er eine Pilgerreise zu dem in den Bergen nördlich von Chiang Rai gelegenen, damals völlig verwaisten Golden Horse Temple (Wat Tham Paa Archathong). Einem inneren Ruf folgend, begann er, an dem entlegenen Ort, der direkt an der Route der Heroinschmuggler Richtung Myanmar lag, für die Waisen und armen Jungen aus den umliegenden Bergdörfern eine Heimstatt zu bauen – mit Tempel, Schule, kleinem Boxstadion, Pferdeställen und Unterkünften. Lange Zeit habe er erfolgreich den Attacken der Soldaten der von dem berüchtigten Drogenzaren Khun Sa angeführten Shan United Army standgehalten. Schließlich hätten sie, heißt es, seine guten Absichten anerkannt und ihn gewähren lassen. Bis heute kümmert sich Khru Bah (Thai für „Lehrer") wie ein Vater um „seine" Kindermönche, lehrt sie Buddhismus, Reiten und Thai-Boxen, und sammelt mit ihnen jeden Morgen hoch zu Ross Almosen. Eine zusätzliche Einnahmequelle bilden die Spendengelder der neuerdings zahlreichen Besucher.

3: Jeden Morgen reiten die Mönche aus, um die von der Dorfbevölkerung offerierten Gaben entgegenzunehmen.

4: Jeden Abend nach dem Duschen versammeln sich die Novizen zum gemeinsamen Gebet.

Tipp: Spendenaktion 8 Uhr am Morgen nicht verpassen!
www.tourismthailand.org/Attraction/Wat-Tham-Pa-Archa-Thong--4416

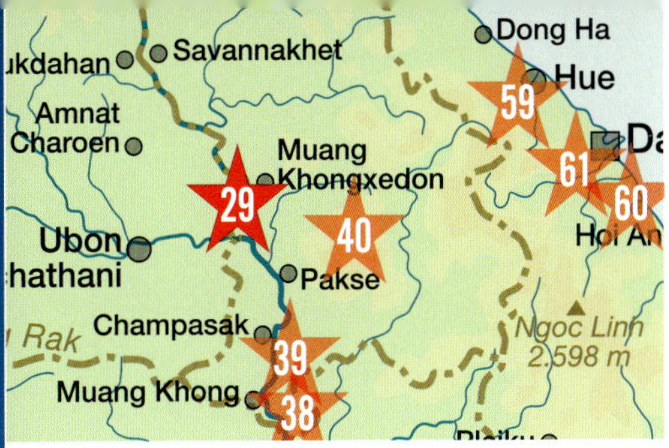

GPS: 15° 25' N, 105° 32' O

Nationalpark Pha Taem 29

In der Provinz Ubon Rachathani im äußersten Osten Thailands liegt, 20 Kilometer nördlich der Stadt Khong Chiam und der Mündung des Flusses Mun in den Mekong, der Nationalpark Pha Taem. Pha bedeutet Kliff und Taem Zeichnung. Tatsächlich finden sich an den örtlichen Felsen rund 4000 Jahre alte, mit roten Pigmenten aus Erdreich, Baumharz und Fett aufgetragene Abbildungen von Wildtieren, Fischen und Menschenfiguren. Das 340 Quadratkilometer große Schutzgebiet ist denn auch in erster Linie für seine prähistorischen Felszeichnungen bekannt. Zu seinen weiteren Attraktionen zählen der Wasserfall Namtok Soi Sawan sowie die zahlreichen kuriosen Sandsteinformationen.

1: Der Blick über den Mekong offenbart: Auch auf laotischer Seite ist der Strom, der über mehrere hundert Kilometer die Staatsgrenze markiert, im Bereich von Pha Taem von steilen Klippen aus Sandstein gesäumt.

2: Diese Sandsteinfelsen heißen Sao Chaliang und stehen an der Zufahrtsstraße zum Eingang des Schutzgebiets.

1

2

Zum Sunrise auf das Felsplateau oder Tham Nang Lee Cave mit Blick auf den Mekong und Laos, täglich 8 bis 17 Uhr geöffnet, Eintritt 5 Euro.

GPS: 8° 3' N, 98° 55' O

30 Krabi

Die der Ferieninsel Phuket gegenüber auf einer Landzunge an der Mündung des gleichnamigen Flusses gelegene Hafenstadt war bis knapp vor der Jahrtausendwende noch beinahe ein weißer Fleck auf Thailands touristischer Landkarte. Dann eröffnete der örtliche Flughafen, und aus war es mit der Unberührtheit. Was nicht heißen soll, dass Krabi – der Name rührt von einem einst nahebei gefundenen „Schwert" – nicht nach wie vor eine tolle Feriendestination abgibt. Zwar ist das Landesinnere statt von Regenwald mehrheitlich mit Kautschukplantagen bedeckt. Doch die weißen Sandstrände der Umgebung, allen voran Hat Noparat Thara, sind immer noch herrlich. Rund zwanzig Autominuten südlich der Stadt liegt der „Muschelfriedhof" von Susan Hoi, eine riesige, allerdings nur bei Ebbe sichtbare, Kalkschalenbank, gebildet aus 75 Millionen Jahre alten, versteinerten Süßwasserschnecken. Östlich des Hauptorts, der ebenfalls Krabi heißt, erstrecken sich ausgedehnte Mangrovenwälder, zu deren Erkundung man im Fischereihafen des Städtchens Langboote anmieten kann. Ebendort legen auch Fähren zu den Badeinseln der Umgebung ab, namentlich nach Ko Lanta und Ko Phi Phi sowie zu den Stränden von Ao Nang – allesamt hervorragende Plätze zum Schwimmen, Schnorcheln und Relaxen. Kein Wunder, dass der Ort und sein Umland zu den beliebtesten Urlaubszielen Thailands zählen.

1: Ein Kalksteinturm vor Ko Poda. Die kleine Insel besitzt einen besonders feinen, weißen Sandstrand.

2: Diese Longtailboote liegen am Rai Leh West Strand vertäut.

Bootstrip zu den Stränden Rai Leh West, Phra Nang hin und zurück 5 Euro, oder zur Insel Poda 7,50 Euro.

www.krabi-thailand.de

www.thailandtourismus.de/urlaub/reiseziele/sueden/krabi.html

1

2

GPS: 9° 45' N, 100° 2' O

31 Ko Phangan

Explizite Sehenswürdigkeiten sucht man auf Ko Phangan vergeblich. Dafür wartet diese von einem Kalksteingebirge dominierte, mehrheitlich von dichtem Dschungel überwachsene Insel mit kaum überbietbar schönen Stränden auf. Um etwa ein Drittel kleiner als Ko Samui und diesem im Süden unmittelbar benachbart, pflegte Ko Phangan bis vor wenigen Jahren weitgehend in sich zu ruhen. Seine Bewohner lebten fast ausschließlich vom Fischfang. Inzwischen liefert der Tourismus einen stetig wachsenden Teil der Einnahmen. Kein Wunder: Beim Anblick eines Strandes wie dem von Than Sadet zum Beispiel, der sich halbkreisförmig an die Ostküste schmiegt, gerät das Herz jedes Tropenliebhabers unweigerlich ins Jauchzen. Ein weiteres Landschaftsjuwel sind die beiden Strände Thong Nai Pan Yai und Thong Nai Pan Noi. Sie bilden gemeinsam eine von bewaldeten Hügeln umrahmte Doppelbucht. Betuchte Reisende können sich hier in einer Reihe luxuriöser Hotelresorts einquartieren. Und an dem bekannten Strand von Nai Wok, um noch eine letzte Postkartenidylle ins Rampenlicht zu rücken, lockt die noble Ferienanlage „Kupu Kupu Phangan Beach Villas and Spa" Gäste aus aller Welt an. Ihre stilvollen Holzbungalows bieten allesamt viel Privatsphäre, manche obendrein einen eigenen Pool, vor allem aber einen die Seele wärmenden Blick auf viel Grün und ein türkisfarbenes, makellos klares Meer.

3: Thong Reng ist eine von etlichen ruhigen Buchten der Insel Ko Phangan.
4: Than Sadet gehört zu den abgelegenen Stränden an der Ostküste der Insel.

Full Moon Party am Beach Hat Rin, Strandeintritt 2,50 Euro; Inseltour mit dem Moped 5 Euro/Tag.
www.klick-thailand.de/suedthailand/koh-phangan

Abendstimmung am Nai Wok Beach.
Die Westküste der Insel Ko Phangan, die zur Provinz Surat Thani gehört, wird von Romantikern für ihre besonders pittoresken Sonnenuntergänge gerühmt.

LAOS – EIN REFUGIUM FÜR NOSTALGIKER

Es gibt nicht viele Länder auf Erden, die, obwohl unbestritten mit hochkarätigen Attraktionen gesegnet, von der Karawane der Globetrotter unbeachtet ihr Dasein fristen. Eines dieser Mauerblümchen des internationalen Fremdenverkehrs war die längste Zeit über Laos. Die Gründe dafür lagen im Politischen, sind unendlich traurig und noch keineswegs vollständig behoben. Dennoch: Seit einigen Jahren wird dieser auf einem großteils gebirgigen Landstreifen zwischen Thailand und Vietnam gezwängte Binnenstaat mehr und mehr vom Radar der Asienreisenden erfasst. Zunächst waren es, wie üblich, Backpacker, die, von Bangkok, Hanoi oder Angkor Wat kommend, in diese touristische Terra incognita ausschwärmten. Ihre Berichte von einem zauberhaften Ort der Zuflucht, in dem eine abenteuerlich-ungezähmte Natur, himmlische Kultstätten, vor allem aber unendlich freundliche, friedsame Menschen der Entdeckung harren, weckten Neugier. Ein Land, in dem die Uhren stehen geblieben zu sein oder gar rückwärts zu laufen scheinen? Alsbald tauchte Laos in den ersten Reisekatalogen auf. Und mittlerweile sind seine Glanzstücke, allen voran die alte Königsstadt Luang Prabang und Si Phan Don, der Archipel der Viertausend Inseln, vom Geheimtipp fast schon zu Trenddestinationen mutiert.

Sathalanalat Paxathipatai Paxaxon Lao, wie die Demokratische Volksrepublik in der Landessprache heißt, präsentiert sich als sozialistisch-buddhistischer Arbeiter- und-Bauern-und-Gottesstaat, dessen Ein-Parteien-Regime

Eindrücke aus Laos: Abendstimmung am Nam-Xong-Fluss nahe Vang Vieng (oben).
Von links nach rechts: Die Besatzung des Boutique-Schiffes „Mekong-Sun“ beobachtet konzentriert den Verlauf des Mekong. – Die Höhle Tham Thing in Pak Ou ist gespickt mit alten Buddha-Figuren aus Luang Prabang. – Kleine Fähren pendeln auf dem Mekong in Si Phan Don.

Mekong-Kreuzfahrt

Tham-Thing-Höhle

Si Phan Don

sich nach Jahrzehnten der desaströsen Experimente mit Abschottung, Religionsverbot und Kollektivierung der Landwirtschaft zögerlich, aber doch der Moderne und Marktwirtschaft geöffnet hat. Offiziell hat man sich anstatt alter Kampfsprüche gegen die „Lakaien des Kapitalismus und konterrevolutionären Schweine“ längst „wirtschaftliche Reformen, Demokratie und Menschenrechte“ auf die Fahnen geheftet. Schon wurde, was Umweltschützern und den Anrainern mekongabwärts Sorgenfalten auf die Stirne treibt, in der Provinz Xayaburi mit dem Bau eines ersten Mega-Flusskraftwerks begonnen. Schon hat ein Regen aus Investitionsgeldern, vor allem von Chinesen, Thais und Koreanern eingesetzt, und der Handel mit Teakholz, Opium und Menschen einige wenige der im Durchschnitt sehr armen Laoten sehr reich gemacht. Während 1990 knapp 15 000 Touristen Laos besuchten, waren es 2015 bereits an die zwei Millionen. Unterm Strich gesehen jedoch kauert dieser einzige Binnenstaat Südostasiens, der zwar rund sechzig Prozent der Größe Deutschlands, aber nur 6,5 Mio. Einwohner hat, weiterhin in einem windstillen Winkel des Weltgeschehens. Man könnte, um metaphorisch zu bleiben, auch sagen: Die REM-Phase seines Dornröschenschlafes mit ihrer intensiven Traumtätigkeit ist noch nicht beendet; die raschen Augenbewegungen, untrügliches Zeichen für ein baldiges Erwachen, haben noch nicht wirklich eingesetzt.

GPS: 19° 53' N, 102° 8' O

32 Luang Prabang

Luang Prabang ist mehr als ein geografischer Ort einer der Sehnsucht. Denn so unverfälscht, ja berückend unwirklich wie hier lässt sich das ehemalige Indochina kaum sonstwo noch erleben. Die Residenzstadt des alten Königreichs von Laos verbirgt sich im gebirgigen, von Urwald überwucherten Norden des Landes, wo der Fluss Nam Khan in den Mekong mündet, bislang erfolgreich vor dem Lärm der Welt. Die nach wie vor wenig, und vorrangig von Tuk-Tuks befahrenen Straßen der Altstadt sind von schmucken Kolonialhäusern mit hölzernen Schindeldächern, Lamellenfensterläden und Balustradenbalkonen gesäumt. Dazwischen spenden Palmen und tropische Baumriesen Schatten, laden kleine Restaurants, Bars und Cafés zur Muße. Am nachdrücklichsten freilich prägen immer noch die Mönchsgemeinde und ihre Klöster die Atmosphäre.

Spätestens, wenn man bei Sonnenauf- oder -untergang vom Gipfel des Phou-Si-Berges dieses hochhauslose, in eine überbordende Vegetation gebettete Stadtjuwel überblickt, versteht man, weshalb es 1995 schon von der UNESCO zum Weltkulturerbe geadelt wurde. Und auch, weshalb es sich neuerdings anschickt, seinen bisherigen touristischen Status als Geheimtipp gegen den einer museal herausgeputzten In-Destination einzutauschen.

1: Der Schrein Ho Phra Bang im ehemaligen Königspalast ist kunstvoll verziert.
2: Der Blick vom Berg Phou Si auf Altstadt und Mekong.
3: Eines der bezauberndsten Klöster ist Wat Sensoukharam.
4: Mönche und Novizen auf ihrem allmorgendlichen Almosengang.

Tipp: Wat Xieng Thong mit Almosengang der Mönche am Morgen, Eintritt 2,25 Euro, täglich 6 bis 18 Uhr geöffnet; Panorama auf Altstadt, Mekong und Berge nachmittags vom Wat Chomphet, Autofähre 0,60 Euro/Fahrt, Eintritt 1,10 Euro.
www.laos-reise.info/luang-prabang

1

2

3

4

Im Tempel von Wat Xieng Thong haben sich buddhistische Mönche und Novizen zum Abendgebet versammelt. Die vielleicht schönste von allen Klosteranlagen Luang Prabangs steht an der Nordostspitze der schmalen Halbinsel, auf der die Stadt liegt.

GPS: 20° 3' 0" N, 102° 12' 30" O

33 Kalksteinhöhle Tham Thing

25 Kilometer stromaufwärts von Luang Prabang liegt, über eine rund einstündige Bootsfahrt erreichbar, am Zufluss des Ou in den Mekong das Dorf Pak Ou. Diesem gegenüber befinden sich in einem steilen Uferfels zwei berühmte Höhlen. Sie bergen Aberhunderte überzähliger Buddha-Figuren, die von den Klöstern Luang Prabangs hier lagern, und werden spätestens seit dem 15. Jahrhundert als Wallfahrtsort viel frequentiert. Die untere Höhle von Pak Ou heißt Tham Thing und ist vom Bootsanleger aus über eine kurze Treppe bequem zu erreichen. Ein Besuch der oberen, Tham Phoum, erfordert einen etwas längeren Aufstieg über steile Stufen. Der Anblick der vielen von Gläubigen als Votivgaben zurückgelassenen Skulpturen ist in beiden berührend.

Ein Erlebnis an sich ist auch ein Zwischenstopp auf der An- oder Rückreise in einem der Uferdörfer. Da schaut man dann einer Seidenweberin, einem Korbflechter, Töpfer oder Schnapsbrenner bei der Arbeit über die Schulter. Und prostet man Letzterem mit einem Gläschen seines Lao-lao, aus Reis destilliertem Whisky, zu, hofft man insgeheim, der universale Ungeist des Effiziensstrebens und Ellenbogenprofits möge sich ein Weilchen wenigsten noch von ihm und seiner Heimat einigermaßen fernhalten.

1: Die in den Höhlen von Pak Ou aufgestellten Buddha-Statuen sind teils aus Stein, teils aber auch aus Beton, Holz oder Metall gefertigt.

2: 25 Kilometer stromaufwärts von Luang Prabang, an der Mündung des Ou in den Mekong, öffnen sich in einer Felswand die Höhlen Tham Thing und Tham Phoum.

Bootsfahrt auf dem Mekong circa 1,5 Std. stromaufwärts, 1 Std. stromabwärts, 8 Euro/Person, Eintritt 2,25 Euro, Taschenlampe nicht vergessen!

1

2

GPS: 19° 52' N, 101° 9' O

34 Mekong-Kreuzfahrt

Mae Nam Khong, „Mutter aller Wasser", nennen die Laoten den Mekong, ihre Lebensader. Er ist mit mehr als 4500 Kilometern Asiens drittgrößter Fluss, der größte Südostasiens, entspringt im chinesischen Tangla-Gebirge, durchfließt in der Folge Osttibet und Yunnan und markiert später die Grenze zwischen Myanmar beziehungsweise Thailand und Laos, ehe er südlich von Kambodscha, auf vietnamesischem Gebiet, ins Meer mündet.

Eine Schifffahrt auf dem mächtigen Strom, dessen Einzugsgebiet etwa 800 000 Quadratkilometer misst und 70 Millionen Menschen Heimat ist, bildet einen Höhepunkt jedes Laos-Besuches. Rucksacktouristen reisen vorrangig in von Einheimischen benutzten Holzbooten von Houay Xay nach Luang Prabang oder umgekehrt – eine Strecke, für die man zwei Tage benötigt. Übernachtet wird üblicherweise in Pakbeng. Komfortabler geht es auf den größeren Touristenschiffen zu. So oder so: Unterwegs mutieren alle Gefährte zu wundersamen Zeitmaschinen. Frauen in ihren farbenprächtigen Wickelröcken beim Wäschewaschen oder Wasserholen, Fischer in ihren Ruderbooten dösend, plantschende Kinder, Büffel, Reiher ... Die Uferszenen, die da unterwegs vorbeiziehen, könnten idyllischer kaum sein. In der Trockenzeit freilich sinkt der Wasserstand des Stromes um bis zu fünfzehn Meter. Dann kommen unzählige Sandbänke und schroffe Felsen zum Vorschein, die das Navigieren sehr erschweren, wenn nicht gar zeitweise unmöglich machen.

3: 25 Kilometer oberhalb von Luang Prabang passiert die „Mekong Sun" das Dorf Pak Ou.
4: Chefkoch und Assistent sind in der Bordküche des Kreuzfahrtschiffes zugange.

Mehrtägige Flussreise zum Beispiel mit dem Boutique-Schiff „Mekong Sun" über Reiseveranstalter Lernidee Erlebnisreisen,
www.lernidee.de/mekong

GPS: 17° 58' N, 102° 36' O

35 Vientiane

Exemplarisch verkörpert diese merkwürdige Melange aus provinzieller Verschlafenheit, kommunistischer Spröde und spirituellem Zauber, die ganz Laos eigen ist, die Hauptstadt Vientiane. An deren Strandpromenade flattern einträchtig der siebenfarbige Regenbogen des Buddha und die rote Fahne mit Stern, Hammer, Sichel im Wind. Doch davor praktiziert der neue, jugendliche Mittelstand nach Techno-Rhythmen aus dem Ghettoblaster, angeleitet von einer hyperdynamischen Animateurin mit Ray-Ban-Brille im pinkfarbenen Stretchanzug, als fröhliches Kollektiv Aerobic. Im wundersam verstaubten Nationalmuseum beschwört man noch mit leninistischem Pathos den endgültigen Sieg gegen den Imperalismus, derweil entlang der Thanon Samsenthai, der zentralen Businessmeile, die letzten Baulücken geschlossen und die ersten Chill-Out-Lounges eröffnet werden. Und während der Königstempel Ho Pha Keo Kunstconnaisseure mit einer vorzüglichen Sammlung von bis zu 1500 Jahre alten, typisch laotischen, also recht zarten und besonders langohrigen Buddha-Skulpturen entzückt, versetzt ihnen eine halbe Autostunde außerhalb, im populären Xieng-Khuan-Garten der Bildhauer Boun Leua mit seinen surreal-kitschigen Götter- und Buddha-Figuren aus Stahlbeton wohl eher einen erheiternden Schock.

1: Buddha-Figuren verleihen dem Tempel Wat Sisaket eine weihevolle Note.

2: Das illuminierte Siegestor Patuxai an der Lane Xang Avenue erinnert entfernt an den Pariser Arc de Triomphe.

Wat Sisaket: uralte Buddha-Figuren im Arkadenhof, Lane Xang Ave Ecke Setthathirat Road, täglich 8 bis 12 und 13 bis 16 Uhr geöffnet, Eintritt 0,55 Euro; Mopedtour durch die Stadt, 8 Euro/24 Stunden.

www.asien.net/laos/vientiane

1

2

GPS: 17° 58' 36" N, 102° 38' 11" O

Wat That Luang 36

Das Wahrzeichen Vientianes und Nationalsymbol ist der Stupa That Luang. Er erhebt sich am nordöstlichen Stadtrand, unmittelbar neben der Nationalversammlung am Rand eines riesigen Exerzierplatzes, und funkelt in seinem goldenen Ornat, als gelte es, den Himmelswesen den Weg auf die Erde zu weisen.

3: Boun That Luang zum Herbstvollmond ist das größte Fest im laotischen Kalender.
4: Morgendliche Gebetszeremonie.

Geöffnet täglich 8 bis 12 und 13 bis 16 Uhr, Eintritt 0,55 Euro; jeden Oktober/November zu Vollmond findet das That Luang Fest statt, Takbat-Spendenzeremonie gegen 7 Uhr, Frauen sollten einen Sarong, Wickelrock, mitnehmen.

GPS: 18° 57' N, 102° 27' O

37 Vang Vieng

Die Gegend um Vang Vieng ist für ihre pittoresken Karsthügel berühmt. In jüngsten Jahren lockt sie vermehrt Individualreisende an, die hier diversen Outdoor-Abenteuern frönen – etwa mit geliehenen Mountainbikes Fahrradtouren unternehmen, durch das dicht bewaldete Hinterland wandern oder in Luftschläuchen riesiger LKW-Reifen die Stromschnellen des Flusses Nam Xong befahren.

Zu den meist besuchten Attraktionen von Vang Vieng gehören die zahlreichen Höhlen in der malerischen Umgebung. Eine der attraktivsten heißt Tham Pou Kham, liegt sieben Kilometer westlich des Städtchens in 30 Meter Höhe und birgt nahe dem Eingang einen Altar mit einem liegenden Buddha aus Bronze.

1: Morgendunst in den Karstbergen am Nam-Xong-Fluss.

Mopedtour durch die herrliche Karstlandschaft, 5 Euro/Tag, Pou-Kham-Höhle, Eintritt 1,10 Euro, Taschenlampe nicht vergessen!

Tipp: Abkühlen im türkisen Pool am Höhlenaufgang.

www.klick-thailand.de/nachbarlaender/laos_vang_vieng

1

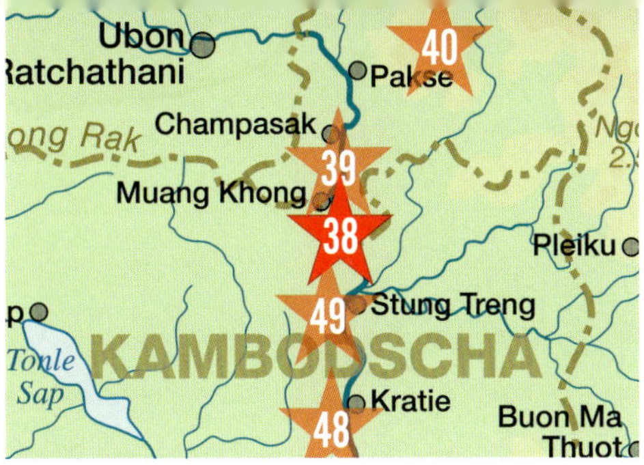

GPS: 13° 57' 17" N, 105° 56' 13" O

38 Si Phan Don

In der Sprache der Laoten heißt Si Vier. Phan steht für Tausend und Don bedeutet Insel. Si Phan Don, der Archipel der 4000 Inseln, liegt im Süden des Landes, nahe der Grenze zu Kambodscha. In diesem Abschnitt hat der Mekong eine einzigartige Landschaft geschaffen. Sein breites Bett ist durchsetzt mit Wasserfällen und eben unzähligen Eilanden. Die in Flutzeiten starke Strömung hat manchen Bäumen eine bizarre Form verliehen. Sie offenbaren nur in der Trockenzeit, wenn der Wasserstand fällt, ihre volle Größe. Si Phan Don ist auch bekannt für seine reichen Fischgründe und erfreut sich dank seiner paradiesischen Schönheit vor allem unter Backpackern wachsender Beliebtheit.

2: Ein Fischer wirft am Wasserfall Khon Phapheng sein Netz aus.

Eintritt zum Wasserfall 5,50 Euro; im Frühjahr: den Fischern beim Fischfang zuschauen; privater Bootstrip auf dem Mekong von Don Khong nach Don Khon 25 Euro.

www.laos-reise.info/si-phan-don

2

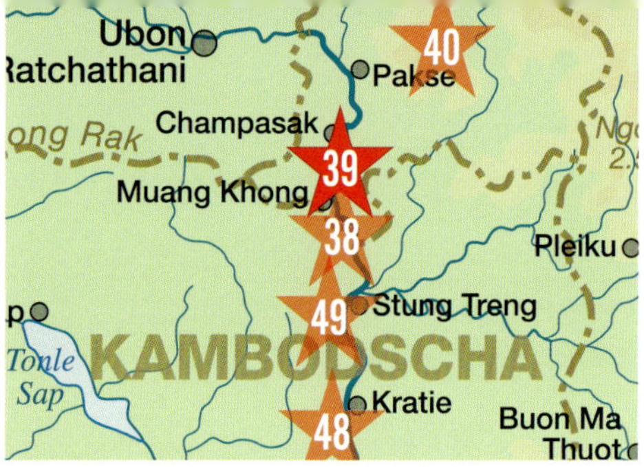

GPS: 14° 50' 54" N, 105° 49' 0" O

39 Wat Phou

Die Tempelanlage von Wat Phou wurde im wesentlichen zwischen dem 9. und 13. Jahrhundert von den Khmer erbaut. Sie erstreckt sich acht Kilometer südwestlich des Dorfes Champasak auf drei Ebenen zu Füßen des über 1400 Meter hohen Berges Phou Kao und ist seit 2001 UNESCO-Weltkulturerbestätte. Ihr Hauptheiligtum, das etwa neunzig Meter über der Flussebene auf der dritten Terrasse der Anlage steht, war ursprünglich dem Hindu-Gott Shiva geweiht. Längst jedoch hat man in seinem Inneren den Lingam, das phallische Symbol der Schöpfungskraft, durch Buddha-Figuren ersetzt. Die Steintreppe, die als Hauptachse hinauf zu der zentralen Kultstätte führt, ist von Frangipani-Bäumen gesäumt, die im laotischen Sommer, also März und April, wunderschön blühen. Bewacht wird der Weg von einem steinernen „dvarapala", einem Torwächter, der von der lokalen Bevölkerung als Statue von Kammatha, dem legendären Gründerkönig von Wat Phou, verehrt wird. Ausgangspunkt für die Tagestour zu diesem besonders bedeutsamen Bergheiligtum der Khmer, übrigens dem wohl spektakulärsten außerhalb des heute kambodschanischen Territoriums, ist die ein Stück weit nördlicher gelegene Provinzhauptstadt Pakse. Sie und die Tempelanlage werden alljährlich im Februar von Abertausenden Pilgern aus ganz Laos und auch den angrenzenden Provinzen Thailands geradezu gestürmt.

1: Eine im typischen Khmer-Stil gearbeitete Steinskulptur an der Fassade einer der Tempelruinen.

2: Eine Tempelanlage auf der untersten der drei Terrassen, über die sich Wat Phou erstreckt.

Täglich 8 bis 18 Uhr geöffnet, Eintritt inklusive Museum knapp 4 Euro, für eine Zusatzgebühr von 1,10 Euro kann man zum Sonnenaufgang ab 6 Uhr den Komplex besuchen.
www.laos-reise.info/si-phan-don

1

2

GPS: 15° 6' N, 106° 26' O

40 Bolaven-Plateau

Die Städte im zentralen Teil von Laos wie Thakhek oder Savannakhet sind zwar nett und gassenweise durchaus von schläfrig-postkolonialem Charme, aber im Hinblick auf Sightseeing keineswegs ein Muss. Wirklich fündig werden touristische Schatzsucher erst wieder im äußersten Süden. Dort lockt die Provinzhauptstadt Pakse als Ausgangspunkt für mehrere unverzichtbare Tagestouren. Eine führt auf das Bolaven-Plateau, das vor allem wegen der Begegnung mit den hier ansässigen, der Großfamilie der Mon und Khmer zugehörigen Minderheitenvölker und wegen seiner landschaftlichen Schönheit lohnt. Unweit von Paksong, am Nordrand des auf dem Bolaven-Plateau gelegenen Naturschutzgebietes Dong Hua Sao, gischtet der Zwillingswasserfall Tad Fan in die Tiefe. Er ist mit 120 Metern der höchste Wasserfall des Landes und ein beliebtes Ausflugsziel, freilich nur einer von etlichen auf dieser Hochebene in der Provinz Champasak.

Eine weitere Besonderheit des Bolaven-Plateaus besteht darin, dass sich auf ihm ein kleines, aber feines und längst international renommiertes Kaffeeanbaugebiet befindet. Auf den Plantagen im Umland von Paksong werden bekannte Sorten wie Robusta und Arabica angebaut. Und auf dem Markt des Städtchens leben mehrere Frauen davon, Passanten einen authentischen Kaffee Lao aufzubrühen. Das schwarze, belebende Gebräu wird hierzulande übrigens für gewöhnlich mit gesüßter Kondensmilch serviert.

3: Der Zwillingswasserfall Tad Fan ist 120 Meter hoch.

4: Beim Pflücken der reifen, roten Kaffeekirschen.

Spektakulär: Zwillingswasserfall Tad Fan Eintritt 0,55 Euro; Tipp für Kaffeetrinker: Übernachten in der Kaffeeplantage Sinouk Coffee Resort.

www.sinoukcoffeeresort.com
www.bolaven.com/index.php

GPS: 21° 9' N, 101° 21' O

41 Bergvölker

In den Nordprovinzen von Laos leben um die 50 Bergvölker mit mehr als 800 Untergruppen. Entsprechend groß ist das Spektrum an Gesichtern, Trachten und Alltagsrequisiten, das Besucher auf den lokalen Märkten erleben. Es könnte kunterbunter und fotogener nicht sein.

1+2: Ein Mann und eine Frau der insgesamt nur mehr 4000 Seelen zählenden Lanten-Ethnie.
3: Dieser Mann gehört der Ethnie der Yao an.
4: Eine Khmu mit traditioneller Pfeife.

Ab Luang Namtha:
***Trekking zu den Dörfern der Minoritäten über** www.greendiscoverylaos.com;*
oder Trip per Mountainbike oder Motorrad 3,30 bzw. 6,60 Euro/Tag nach Muang Sing.

1

2

3

4

GPS: 19° 18' N, 101° 42' O

Elefantenfest 42

Lane Xang, „Land der eine Million Elefanten", lautete der ehemalige Name von Laos. Heute sind im Land nur noch etwa 1200 Dickhäuter heimisch, 500 davon domestiziert. Beim „Elephant Festival" in der Provinz Sayaboury reiten die Mahuts auf ihren bunt herausgeputzten Schützlingen durch das Dorf. Das Fest findet alljährlich im Februar statt und wird von ElefantAsia, einer von zwei Franzosen gegründeten Hilfsorganisation, veranstaltet.

5: Lanten-Frauen beim Kräuter sammeln.
6: Elefantenprozession im Dorf Vieng Keo.

Besuch des dreitägigen Elefantenfestes in Sayaboury; Organisation, die sich um Arbeitselefanten kümmert:
www.elefantasia.org

KAMBODSCHA – VERWUNSCHENE SCHÖNHEIT, WOHIN MAN AUCH BLICKT

Es geht gar nicht anders: Angkor ist an den Anfang zu stellen. Jeder, wirklich jeder, der Kambodscha bereist, kommt nach Siem Reap, um von dort die Reste der legendären Hauptstadt des Khmer-Reiches zu bestaunen. Weit über 50 Tempel- und Klosteranlagen wurden hier von vermutlich 36 Khmer-Königen zwischen dem 9. und 15. Jahrhundert über eine weite, bügelbrettflache Ebene verstreut errichtet. Da finden sich allerorten überwucherte Tempelruinen, Steinquader, bröckelnde Mauern. Man fühlt sich, während man ihnen die Parade abnimmt, wie in einer Zeitmaschine: der Tempelberg Bakheng, die Pyramide des Bayon, Ta Phrom, Banteay Kdei und im Zentrum Angkor Wat, steingewordenes Abbild des kosmischen Berges Meru und Sitz der Hindu-Götter: Diese Hinterlassenschaften sind so unfassbar schön und stimmen so schwermütig, dass man geneigt ist, zu bezweifeln, es handle sich um reale Orte.

Zwischen 1,7 und 2,2 Millionen Menschen kamen während des Terrorregimes der Roten Khmer in den späten 1970er-Jahren ums Leben. Viele ältere Kambodschaner brechen, wenn man länger mit ihnen spricht, immer noch in Tränen aus. Nichts in diesem 180 000 Quadratkilometer großen Land mit seinen 15 Millionen Einwohnern ist einfach. Der Verfassung nach herrscht der König, der seit 2004 Norodom Sihamoni heißt, über eine demokratische, konstitutionelle Monarchie. In der Praxis jedoch geriert sich der Staat häufig paternalistisch, bürokratisch und, ja, sehr korrupt.

Eindrücke aus Kambodscha: Abendstimmung im Preah Khan, einer von Dutzenden Tempelanlagen in der Ebene von Angkor (oben).
Von links nach rechts: Die berühmte Silberpagode in Phnom Penh. – Eine Angestellte der Seidenweberei „Mekong Blue“ in der Provinz Stung Treng. – Die Tempelanlage von Wat Pra Thom Nah Day Doh in der Stadt Kampong Cham.

Silberpagode von Phnom Penh

Seidenweberei

Kampong Cham

Eine merkwürdige, mit berückender Anmut gepaarte Verwunschenheit liegt über vielen Orten. Battambang zum Beispiel, die zweitgrößte Stadt, zeigt im Zentrum noch das süßliche Antlitz französischer Kolonialarchitektur. Und die Bauerndörfer in der Umgebung bilden, eingebettet in schier endlose Reis-, Erdnuss- und Zuckerrohrfelder, die perfekte Kulisse für jeden Exotikfilm.

Unterwegs auf Asphaltstraßen oder roten Staubbahnen gibt es viel zu entdecken: Phnom Sontuk zum Beispiel, der bedeutendste heilige Berg im Nordwesten mit seinen Pagoden und Buddha-Bildnissen; die Fischerdörfer am Tonle Sap, dem größten Süßwassersee Südostasiens; Stung Treng, die Schöne am Mekong, und Sihanoukville, das einstige „Nizza Kambodschas“ am Golf von Thailand.

Ja, und dann natürlich die 1,5 Millionen-Metropole: Wie ein Traum erhebt sich Phnom Penh aus der flachen Ebene am Zusammenfluss von Tonle Sap und Mekong. Königspalast und Nationalmuseum gelten als Hauptsehenswürdigkeiten. Die alten Villen und Ministerien im Palastviertel und die Gebäude um den Wat Phnom wecken ockerfarbene Erinnerungen an die französische Kolonialzeit. Als Nabel des kambodschanischen Buddhismus strahlt hier der Tempelkomplex von Wat Ounalom. Spätestens nach Sonnenuntergang mutiert die Stadt dann, umhüllt von einer Luft wie Samt und dem ganzen betörenden Duftpolster der Tropen – Goldregen, Jasmin, Bougainvilleen, Hibiskus und Räucherwerk – zum Sehnsuchtsort, an dem nur noch die Gegenwart Geltung hat.

1

GPS: 13° 26' N, 103° 50' O

43 Tempel von Angkor

Unbestrittener Höhepunkt jedes Besuches in Kambodscha und eines der absoluten Highlights einer Reise durch Südostasien überhaupt sind die Tempelruinen von Angkor. Man habe, schrieb deren langjähriger Konservator, der Franzose Henri Marchal, „hier das Gefühl, in einem Tempel aus einer anderen Welt zu sein, von fremden Menschen gebaut, deren Ideen so völlig anders geartet sind". Auch Touristen von heute können sich der mystischen Aura von Anlagen wie Ta Prohm, Bayon oder Preah Khan mit ihren von Würgefeigen und Kapokbäume umwachsenen Mauern nicht entziehen.

1: Banteay Kdei heißt diese buddhistische Tempelanlage aus dem frühen 13. Jahrhundert.

2: Der Bayon mit seinen Gesichtstürmen markiert ein Zentrum der Anlage von Angkor.

3: Der Prozessionsweg führt geradewegs auf Angkor Wat zu.

Geöffnet täglich 5 bis 18.30 Uhr, Eintritt 1 Tag 17,60 Euro, 2 Tage 35, 7 Tage 53 Euro; alle Tickets sind inklusive Fotogebühr; zwei Muss: Sonnenaufgang am Angkor Wat und frühabends im Tempel Ta Prohm dem Vogel- und Zikadenkonzert lauschen.

www.weltwunder-online.de/neuzeit/angkor.htm

www.klick-kambodscha.de/angkor/geschichte

2

3

GPS: 11° 33' N, 104° 55' O

44 Apsaratanz

In der von den Khmer adaptierten indischen Mythologie waren die Apsaras nymphenähnliche Halbgöttinnen von verführerischer Schönheit. Ihr Tanz ist bis heute zentraler Teil der kambodschanischen Identitätsfindung. Das Repertoire dieser „Botinnen der Götter und Ahnen" verewigt die Entstehungsmythen des Landes. Ihr geheimnisvolles Lächeln schmückt zahllose Reliefs der Tempel von Angkor.

1: Tänzerin in Angkor.
2: Eine von unzähligen symbolischen Handgesten.
3: Tanzlehrerin Rami mit ihren Schülerinnen.

Apsara Arts Association in Phnom Penh: Tanztraining Montag bis Samstag 7.30 – 10.30 und 14 – 17, Aufführung Samstag 19 Uhr.
www.apsara-art.org
www.id-reisewelt.de/apsara

1

2

3

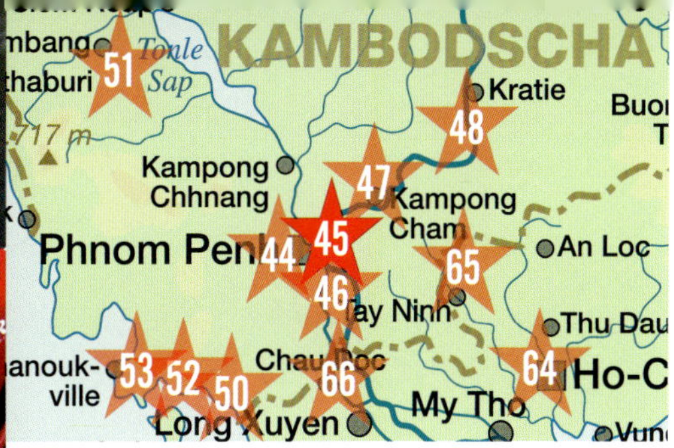

GPS: 11° 33' N, 104° 55' O

Phnom Penh: Wasserfest „Bon Om Tuk“ 45

Jedes Jahr zum Herbstvollmond findet in Phnom Penh „Bon Om Tuk“, das große Wasserfest, statt. Aus allen Landesteilen strömen Mannschaften an das Ufer des Flusses Tonle Sap, um gegeneinander wettzurudern. Neben den Regatten umfasst das dreitägige Spektakel auch den rituellen „Gruß an den Mond“ und den Genuss von erntefrischem Reis mit Bananen und Kokossaft.

4: Achtung, fertig, los! Alles bereit für das Drachenbootrennen.
5: Die bunt bemalten Holzboote sind bis zu 30 Meter lang und mit bis zu 65 Ruderern bemannt.

Tipp fürs Wasserfest: Ausblick von einem Restaurant am Sisowath Quay auf die abendliche Prozession der Lichterboote.

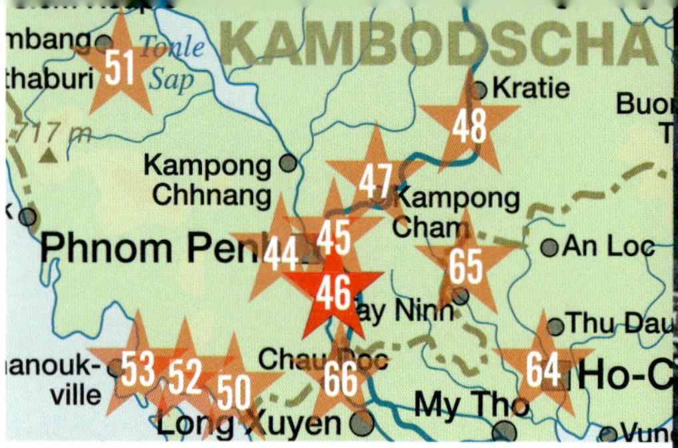

GPS: 11° 33' N, 104° 55' O

46 Phnom Penh: Königspalast und Silberpagode

Schmale Gassen, im rechten Winkel darauf gradlinige Straßen und baumbestandene Boulevards: Kambodschas Hauptstadt kann ihre koloniale Vergangenheit nicht verleugnen. Auch öffentliche Gebäude wie etwa Hauptpostamt, Staatsbibliothek und Zentralmarkt entstammen unverkennbar französischen Architekturplänen. Wat Phnom hingegen, das sakrale Wahrzeichen der Metropole, und ebenso sehr der Königspalast tragen unzweifelhaft südostasiatische Züge. Letzterer, die wohl größte touristische Attraktion Phnom Penhs, entstand in seiner heutigen, dem alten Khmer-Stil nachempfundenen Form im frühen 20. Jahrhundert. Direkt am Tonle-Sap-Fluss gelegen, umfasst er eine Reihe bedeutsamer Gebäude, darunter der Thronsaal und der für Tanzdarbietungen erbaute Mondscheinpavillon. Ebenfalls auf dem Palastgelände steht die berühmte Silberpagode, die freilich erst 1962 nach dem Vorbild des Wat Phra Kaeo in Bangkok aus Beton errichtet wurde.

1: Ein Dekordetail aus dem Königspalast.
2: Die Silberpagode, deren Name von den mehr als 5000 aus Silber gefertigten Bodenfliesen herrührt.

Täglich 8 bis 11 und 14 bis 17 Uhr geöffnet, Eintritt 5,50 Euro.
www.asien.net/kambodscha/phnom-penh

1

GPS: 11° 58' 27" N, 105° 27' 44" O

47 Kampong Cham und Insel Ko Pbain

Eine Stadt mit bis heute stark französisch geprägter Architektur ist Kampong Cham. Die Hauptstadt der gleichnamigen Provinz im Südosten weist aber auch eine ethnische Besonderheit auf: In der Khmer-Sprache bedeutet Kampong „Hafen“ und Cham „Muslime“. Tatsächlich verzeichnet die Region die landesweit höchste Dichte an Cham, die oft auch als Khmer Islam bezeichnet werden. In ganz Kambodscha leben zwischen 500 000 und 700 000 von ihnen. Sie sind Sunniten und bilden nach den Vietnamesen die zweitgrößte Minderheit im Land.

Die mit Abstand wichtigste bauliche Sehenswürdigkeit von Kompong Cham freilich ist ein buddhistisches Heiligtum: Wat Nokor Ba Chey, das sich am Ende einer Allee von mächtigen Zuckerpalmen erhebt, wurde im frühen 13. Jahrhundert unter Jayavarman VII. erbaut und erweist sich als eigenwillige Mischung aus alten und neuen Stilelementen. Ein zweites buddhistisches Heiligtum von Rang ist der gerade 100 Jahre junge Tempel Wat Pra Tohm Nah Day Doh. Keinesfalls versäumen sollte man eine Visite auf Ko Pbain. Die Insel, zu der in der Trockenzeit, wenn der Wasserpegel des Mekong sinkt, von Kampong Cham aus eine temporäre 600 Meter lange Brücke aus Bambus und Holz gebaut wird, ist ein Garten Eden, in dem Bananen, Papayas, Kokosnüsse, Mango, aber auch Chili, Mais, Erdnüsse, Pfeffer, Tomaten und Tabak in Hülle und Fülle gedeihen. Zwischen den Gärten und traditionellen Häusern dahinzuwandern oder zu radeln, ist ein entsprechend sinnliches Vergnügen.

1: Die interimistische Brücke führt auf die Insel Ko Pbain.

2: Ein Tabakpflanzer bringt frische Ernte ein.

2

Tipp: Über die längste Bambusbrücke Kambodschas per Rad oder pedes auf die Insel Ko Pbain. Maut für Ausländer 0,40 Euro.

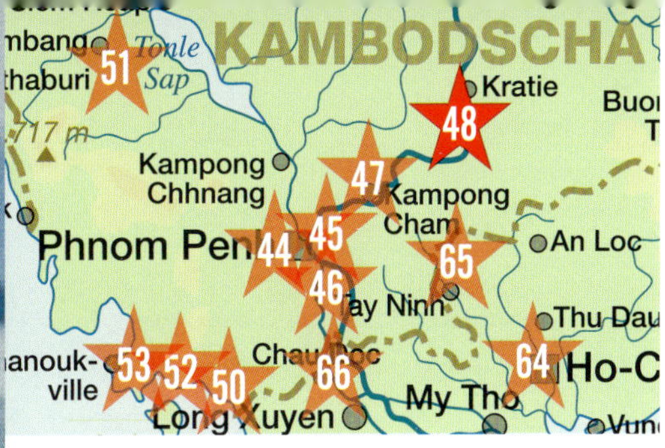

GPS: 12° 36' 37" N, 106° 1' 17" O

Delfine im Mekong 48

Der Mekong gilt mit 1300 verschiedenen Spezies nach dem Amazonas als artenreichstes Fließgewässer der Welt. In seinen Fluten leben noch Restbestände des Ayeyarwady-Delfins, der aufgrund seines rundlichen Kopfes auch Flussschwein genannt wird. Beobachten kann man eine Kolonie dieser stupsnasigen Gesellen von dem Hafenstädtchen Kratie aus.

3: Zwei Exemplare des Ayeyarwady-Delfins unterwegs unweit von Kratie.
4: Ob Staudämme am Oberlauf oder Brücken wie diese in Kampong Cham: Der Mensch baut für die Flussfauna gefährliche Barrieren.

Tipp: einstündige Bootsfahrt 8 Euro/Person, zeitig am Morgen kommen, da zu dieser Zeit noch wenig Besucher!

3

4

GPS: 13° 32' 8" N, 106° 0' 22" O

49 Seidenweberei „Mekong Blue"

Über tausend Jahre lang florierte in Kambodscha, nachdem das Know-how kurz nach der Zeitenwende schon aus China ins Land gekommen war, die Seidenerzeugung. Das edle Textil wurde vorrangig für den königlichen Hof hergestellt. Zu Beginn der französischen Kolonialzeit avancierte es zum begehrten Exportartikel. Unter der Diktatur der Roten Khmer wurde die Tradition, wie alles Schöne, Sinnliche, in der Kultur Verwurzelte, erbarmungslos zerstört. Doch seit den 1990er-Jahren erleben Herstellung und Verarbeitung des kostbaren, wunderbar glänzenden Materials eine Renaissance.

Abertausende Weberinnen sind im ganzen Land wieder aktiv. Vielerorts kann man ihnen als Tourist bei der Arbeit über die Schulter schauen. Eine diesbezügliche Vorzeige-Adresse ist die Seidenweberei „Mekong Blue" unweit des Städtchens Stung Treng im Nordosten des Landes. Dort werden im Rahmen eines im Jahr 2001 in Privatinitiative von Einheimischen gegründeten Frauenhilfswerks Seidenprodukte erzeugt – Tisch- und Bettwäsche, Gürtel, Krawatten, Taschen, vor allem aber schicke Schals, in traditionellem und modernem Design. Ihr Rohmaterial ist durchwegs handgewebt und von allerfeinster Qualität.

1: Die Kokons der Seidenraupe. Aus jedem entstehen 400 Meter Faden.
2: Handwerkszeug: goldfarbener Seidenstoff, Schiffchen und Spindeln.
3: Frau Tey Thym am Spinnrad.
4: Zwei Weberinnen überprüfen den Verlauf der Fäden.
5: Qualitätskontrolle am Ende des Produktionsprozesses.

Weberinnen bei der Arbeit über die Schulter schauen, einen Seidenschal kaufen und dabei die NGO „Stung Treng Women's Development Centre" (SWDC) unterstützen, Mittagspause 11.30 bis 13.30 Uhr, Street 2, Sre Po Village, 4 Kilometer östlich von Stung Treng.

1

2

3

4

5

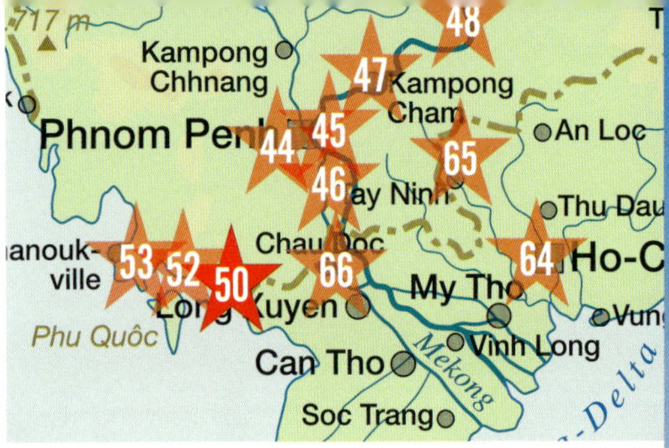

GPS: 10° 29' N, 104° 19' O

50 Kep

„Côte d'Azur" Kambodschas nannte man Kep in den 1960er-Jahren. Damals war der Hafen nahe der Grenze zu Vietnam ein mondäner Badeort. Danach kamen die Roten Khmer und zerstörten ihn bis auf die Grundmauern. Das Leben ist zurückgekehrt. Doch seinen Schick hat das einstige Vorzeige-Resort – noch – nicht wiedererlangt. Zum Baden und Schnorcheln lässt man sich besser zu den vorgelagerten Inseln bringen. Dafür kann man in Kep vorzüglich schnabulieren, gilt der Ort doch als Hochburg des Krabbenfangs.

1: Der Dschungel reicht bei Kep bis fast an den Strand.

Kulinarischer Tipp: Krabben mit grünem Pfeffer im Restaurant mit Meeresblick am Krabbenmarkt.
www.klick-kambodscha.de/kep

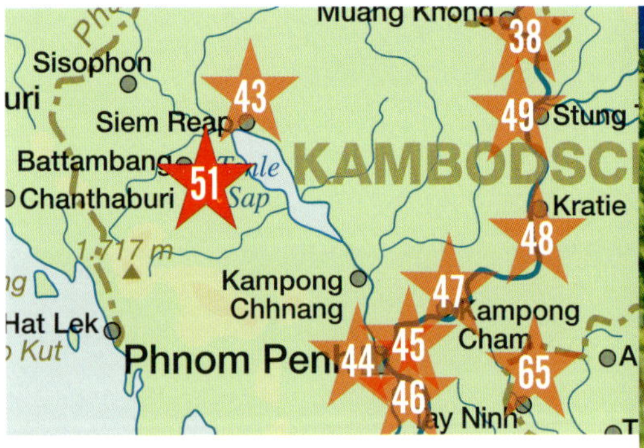

GPS: 13° 1' 08" N, 103° 14' 32" O

51 Bambusbahn

Eine touristische Zugnummer im wahrsten Wortsinn erwartet Gäste der Region Battambang. Dort verkehrt auf einer Schienenstrecke, die ansonsten vorrangig dem Güterverkehr dient, zwischen den Dörfern die sogenannte Bambusbahn. Als Passagier hockt man auf einer bettgestellartigen Plattform aus Bambus. Angetrieben wird das Gefährt von einem Zweitakt-Motor mit sechs PS. Wenn ein „erwachsener" Zug naht, muss die Konstruktion von den Schienen gehoben werden.

2: „Volles Tempo voraus!", heißt es an Bord der Bambusbahn.

Die heitere, etwa einstündige Fahrt startet in der Station Ou Dambang, circa 3 Kilometer südlich von Battambang, 4,40 Euro/Person.
www.zugreiseblog.de/bamboo-train-battambang

ℹ GPS: 69° 52' N, 20° 26' O

52 Bokor Hill Station im Nationalpark Preah Monivong

Das 140 000 Hektar große Schutzreservat erstreckt sich am Südende der Elefantenberge nahe der Grenze zu Vietnam. In seinem dichten Dschungel sind viele gefährdete Säugetiere beheimatet, darunter Asiatische Elefanten, Schwarzbären, Leoparden und die möglicherweise letzten überlebenden Tiger Indochinas.

Hauptattraktion des über 1000 Meter hohen ergo wohltuend kühlen Hochplateaus ist Bokor Hill Station. 1922 von französischen Kolonialisten errichtet, präsentiert sich die ehemalige „Sommerfrische“ als veritable Geisterstadt, komplett mit den Ruinen einer katholischen Kirche, eines Palasts von König Sisowath und dem Riesenkasten des einstigen Bokor Palace Hotel & Casino.

3: Von der Klippe des Bokor-Plateaus bietet sich ein fantastischer Fernblick auf den Golf von Thailand und die vietnamesische Insel Phu Quoc.

Kein Eintritt, Mopedmiete ab Kampot 4 Euro/Tag, Mautgebühr je nach Fahrzeug, für Moped 0,50 Euro oder Minibustour ab Kampot 10 Euro/Person.
www.klick-kambodscha.de/kampot/bokor

3

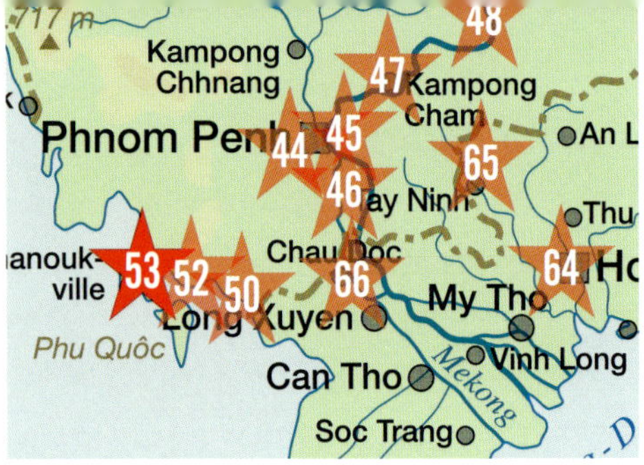

GPS: 10° 38' N, 103° 30' O

53 Sihanoukville

Sie ist zugleich Kambodschas wirtschaftliches Tor zur Welt wie auch sein wichtigster Badeort: Die „Stadt des Königs“, Sihanoukville, Kompong Som mit altem Namen, liegt im äußersten Südwesten, am Rand einer weiten Bucht im Golf von Thailand. Ihr Anmut zu unterstellen, wäre wohl eine Übertreibung. 1960 wurde hier der erste und bis heute einzige Tiefsee-Hafen des Landes gebaut, mit dem die Franzosen der Stadt einen von Vietnam unabhängigen Zugang zum Überseehandel bescherten. Neben der alten Mole und den Lagerhäusern ist mittlerweile dank japanischer Hilfe ein moderner Container-Hafen entstanden.

Sihanoukvilles großer Vorteil ist, abgesehen von der verkehrsstrategischen Lage, einer Großbrauerei und, wenn man denn will, mehreren Casinos, sein touristisches Potential. Denn es verfügt sowohl auf dem Festland als auch auf den vorgelagerten Inseln über weite, herrlich feinsandige Strände. Die schönsten Grundstücke in Meeresnähe sind zwar längst verkauft und ummauert. Auch wurden, wohl auf Geheiß einflussreicher Investoren, schon mehrere Strandabschnitte eingeebnet. Doch vom Massenbetrieb mit Bettenburgen und All-inclusive-Angeboten sind die Stadt und ihr Umland bislang – noch – einigermaßen verschont geblieben.

1: Eine Seafood-Verkäuferin am Ochheuteal-Beach.
2: Bungalows am Sokha Beach.
3: Das Kreuzfahrtschiff „Astor“ ankert im Hafen.
4: Ein Artist demonstriert am Serendipity-Strand seine Künste.

Sundowner am Serendipity Beach, Drei-Insel-Tour ab 13,20 Euro/Person mit Abholung vom Hotel und Mittagessen auf einer Insel.
www.klick-kambodscha.de/sihanoukville

1

2

3

4

VIETNAM – EIN LAND ZWISCHEN GESTERN UND ÜBERMORGEN

Warum nicht sich, anstatt ganz pauschal von Vietnam zu schwärmen, ein paar spezielle Szenen vor Augen führen? Sind es nicht Momente wie etwa die folgenden, die sich unvergesslich ins Gedächtnis graben, und deretwegen wir in Wahrheit reisen? Am Ufer des von blühendem Lotos bedeckten Bau-Ba-See bei Mui Ne stehen zum Beispiel, spätnachmittags, wenn die haushohen Sanddünen, von den letzten Sonnenstrahlen getroffen, rot erglühen. Oder an Bord einer Dschunke, bei Tagesanbruch, in der Bucht von Halong angesichts des grandiosen Defilees der Felsinseln, die gerade wie Rückenflossen urzeitlicher Drachen aus dem Dunst auftauchen. Auch die Morgenstunde am Schildkrötensee im Zentrum Hanois prägt sich ins Herz – wenn an seiner Uferpromenade ältere Damen und Herren schweigend ihre Tai-Chi-Übungen verrichten und vom Jadebergtempel drüben auf der Insel der feine Klang von Glöckchen und Gongs wie ein melancholischer Gruß aus fernen Zeiten übers Wasser weht.

Ob im schummrigen Schein der bunten Lampions während des Lichterfests im historischen Viertel von Hoi An oder zwischen den verwitterten Tempeltürmen eines der zahlreichen Cham-Heiligtümer; ob beim Trekking entlang der frischgrünen Terrassenfelder in der Bergheimat der Hmong, bei der Begegnung mit weisen, weißbärtigen Mönchen in buddhistischen Pagoden, oder, ja doch, natürlich auch unter leise raschelnden Palmen am Pool oder Sandstrand eines der noch jungen, aber immer zahlreicheren Luxusresorts ... Verzaubernde Szenen erlebt der

Eindrücke aus Vietnam: zwei Frauen bei Phan Thiet, durch ein riesiges Reisfeld radelnd (oben).
Von links nach rechts: Scooter-Traffic vor der einst französischen Grand Opéra in der Hauptstadt Hanoi. – Schwimmende Häuser in der Bucht von Halong. – Zwei Vietnamesinnen im traditionellen Gewand vor dem The-Tempel in Hue.

Hanoi

Halong-Bucht

Alte Kaiserstadt Hue

Reisende, unterwegs zwischen Mekong und Rotem Fluss, garantiert jeden Tag.

Wer Vietnam aus der Nachkriegszeit kennt und heute wiederkehrt, reibt sich staunend die Augen. Vor allem in den Städten ist in den letzten Jahren, ähnlich wie in China, kaum ein Stein auf dem anderen geblieben. Ho-Chi-Minh-City, das einstige Saigon, zählt mittlerweile wohl an die sieben Millionen Einwohner, Hanoi immerhin auch weit über drei. Gewiss, noch stößt man auf Inseln im Strom der Zeit – Zonen der Kontemplation, aber auch der krassen Armut. Vielerorts, vor allem in den peripheren Bergregionen, ist die Arbeitswelt weiterhin archaisch. Doch die Zukunft rast den Menschen mit Höchstgeschwindigkeit entgegen.

Wasserbüffel und Lexus-Limousinen, Designermode, rote Flaggen, Heldendenkmäler und Raubkopien aus Hollywood, himmelstürmende Shoppingpaläste und versunkene Tempel, altertümliche Höflichkeit und steigende Aktienkurse: Dieses Land wirkt, als besäße es mehrere Seelen. Faszinierend mitanzusehen. Doch mischt sich in die Freude über den wachsenden Wohlstand naturgemäß ein wenig Wehmut. Man mag den Vietnamesen die Daumen drücken, dass sie nicht so lange unter unsäglichen Opfern um ihre Unabhängigkeit gekämpft haben, nur um nun, nachdem sie endgültig erreicht ist, auf der Jagd nach dem guten Geschäft und schnellen Glück in Bausch und Bogen ihre Kultur und Seele zu verkaufen.

GPS: 21° 2' N, 105° 51' O

54 Hanoi

„Volldampf voraus!", diese Devise, scheint für Vietnams Hauptstadt Hanoi zu gelten. Doch schon frühmorgens springen die Kontraste ins Auge: Da beginnen allerorten hunderttausende Mopeds wie wild gewordene Hummelgeschwader umherzubrausen. Derweil verwandeln sich im Herzen der Vier-Millionen-Stadt, am Ufer des Hoan-Kiem-Sees, die Spazierwege in Freiluft-Fitnesscenter, wo man nach guter alter Sitte mit Tai Chi und Qi Gong Seele und Geist schult.

Der Gegensatz zwischen Alt und Neu prägt auch Hanois architektonisches Erscheinungsbild. Da recken sich bereits nicht wenige spiegelverglaste Riegel aus Stahlbeton himmelwärts. Zu ebener Erde funkeln in Boutiquen und Shoppingcentern alle Verheißungen der modernen Warenwelt. Zugleich aber hat sich der Charme aus beschaulicherer Zeit bewahrt. Der Literaturtempel zum Beispiel wurde schon um 1070 als Kultstätte zu Ehren von Konfuzius errichtet.

Die meisten Reiseführer lotsen Touristen in die Museen und zum Mausoleum Ho Chi Minhs, zu den Pagoden im Umland oder zum Schildkrötenturm. Doch am authentischsten hat sich Hanoi das Flair von anno dazumal in seinem labyrinthischen Kern erhalten. Dort nimmt der Alltag allen neumodischen Bars, Souvenirläden und Restaurants zum Trotz weiterhin im altbewährten Andante seinen Lauf.

1: Ein stiller Winkel in Hanois Altstadt: die Phu-Ung-Pagode.
2: Das Portal in den Ngoc-Son-Tempel.
3: Im Literaturtempel (Van Mieu) wurde im Jahr 1076 Vietnams erste Uni eingerichtet.
4: Die rote Holzbrücke führt über den Hoan-Kiem-See auf die Insel The Huc.

Spaziergang durch das Altstadt-Viertel der 36 Gassen; Besuch im Wasserpuppentheater Thang Long, einstündige Show mehrmals täglich, Ticket ab 2,40 Euro, 57 Dinh Tien Hoang Street.
www.vietnamurlaub.info/ sehenswuerdigkeiten-hanoi

1

2

3

4

GPS: 20° 50' N, 107° 10' O

55 Halong-Bucht

Romantische Orte von Weltruf brauchen offenbar romantische Ursprungslegenden: Als wieder einmal Eindringlinge ihr Land bedrohten, sei, so erzählen sich die Vietnamesen gerne, einst auf Befehl des Jadekaisers aus den Bergen eine Drachenmutter (long) herabgestiegen (ha). Um den Angreifern den Weg zu versperren, spuckte sie in die Bucht nahe dem Delta des Roten Flusses tausende Perlen, die im Wasser zu einem Kranz zerklüfteter Felseninseln emporwuchsen.

So hübsch sich die Legende auch liest, so prosaisch ist die erdgeschichtliche Realität, die sich hinter ihr verbirgt. In Wahrheit sind die Felsformationen natürlich Überreste gewaltiger Muschelkalkbänke. Vor Jahrmillionen fiel infolge tektonischer Faltungen im Bereich des heutigen Golfs von Tongking das Urmeer Tethys trocken. Das Restwasser versickerte, Tropfsteinhöhlen und Dolinentrichter entstanden. Wind, Wetter und Wellen führten zu zusätzlicher Verkarstung. Schließlich ließen die Eiszeit und Bodenabsenkungen den Meeresspiegel wieder steigen.

Dem Zauber tut die wissenschaftliche Erklärung zum Glück keinen Abbruch. Ob am frühen Morgen oder gegen Sonnenuntergang – eine Bootsfahrt durch die 1500 Quadratkilometer große Halong-Bucht mit ihren 2000 Inseln zählt zu den Highlights jeder Vietnam-Reise. Vom Dunst, der hier häufig herrscht, in zartes Pastell gehüllt, erheben sich die schroffen, vielfach von tropisch-üppigem Grün überzogenen Karstkegel und Klippen wie die gezackten Rücken und Schweife urzeitlicher Drachenwesen aus dem Meer.

1: Ein schwimmendes Dorf vor imposanter Kulisse.

2: Ein Fischer unterwegs in einer der unzähligen Buchten.

Tipp: Kreuzfahrt durch das UNESCO-Weltnaturerbe – mindestens zwei Tage einplanen und Badesachen mitnehmen!
www.vietnamurlaub.info/halong-bucht-aktivitaeten

1

2

GPS: 22° 21' N, 103° 52'

56 Sapa und Minoritäten im Norden

Eine Welt für sich bildet das Bergland im Norden: Nicht nur, dass man sich als hitzegeplagter Reisender dort oben über die wohltuende Abkühlung freut, die rasch vergessen macht, dass man sich in tropischen Breitengraden bewegt. Die Landschaft ist über weite Strecken herrlich, und ein zusätzlicher Reiz liegt in der Begegnung mit den mehreren Dutzend verschiedenen hier ansässigen „Bergvölkern“. Deren Siedlungsgebiete wurden, weil die „montagnards“, wie sie die französischen Kolonialherren nannten, lange in Opposition zur Zentralregierung standen, erst in jüngsten Jahren verstärkt in Entwicklungsplänen mitberücksichtigt und auch touristisch erschlossen. Minderheiten wie die Hmong und Dao, Thai und Muong sind inzwischen mit ihren malerischen Trachten, Märkten und Handwerkserzeugnissen als Attraktionen in die Programme von Reiseveranstaltern eingebunden.

Stärkster Touristenmagnet der Region ist der auf 1600 Metern Seehöhe gelegene Flecken Sapa. Nachdem Chinas Armee ihn 1979, wie viele Orte in der Region, zur Vergeltung für Vietnams Einmarsch in Kambodscha zerstört hatte, wurde er revitalisiert und ist seit Mitte der 1990er-Jahre für Ausländer wieder zugänglich. Als Sommerfrische sowie Ausgangspunkt für Wanderungen und Trekkingtouren – die bis auf den 3143 Meter hohen Phan Si Pan, Indochinas höchsten Berg führen – erlebt der regenreiche Ort seither einen regelrechten Tourismusboom.

1: Diese junge Frau gehört dem Bergstamm der Schwarzen Hmong an.

2: Eine Augenweide: Die Reisterrassen in der Region um Sapa.

Trekkingtour ab Sapa, ab 40 Euro pro Person und Tag; weitere Attraktion: Sonntagsmarkt der Ethnie Blumen-Hmong in Bac Ha, beste Reisezeit bis September, wenn die Reisterrassen noch nicht abgeerntet sind.

www.sapa-vietnam.com

1

2

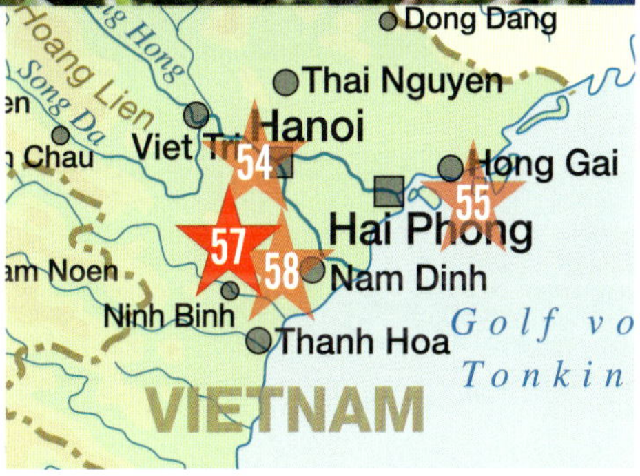

GPS: 20° 19' 0" N, 105° 36' 30" O

57 Nationalpark Cuc Phuong

Der 45 Kilometer nordwestlich von Ninh Binh gelegene Cuc-Phuong-Nationalpark wurde als landesweit erster seiner Art 1962 gegründet. Auf dem 225 Quadratkilometer großen Gebiet, das sich entlang eines abgelegenen, von zwei bewaldeten Karstgebirgszügen umrahmten Tales erstreckt, verzeichnen Biologen eine besonders vielfältige Fauna und Flora. Mehr als 2000 Pflanzen- sowie über 300 Vogel- und 60 Säugetierarten hat man bislang identifiziert. Heimisch sind in dem Schutzgebiet neben Nebelpardern, Fleckenrollern und zwei akut bedrohten Arten von Raubkatzen, beispielsweise Delacour-Languren – Primaten, die, nachdem sie als ausgestorben galten, erst 1991 wiederentdeckt wurden.

1993 gründete der Deutsche Tilo Nadler mit Unterstützung der Zoologischen Gesellschaft Frankfurt nahe dem Eingang zum Cuc-Phuong-Nationalpark das „Endangered Primate Rescue Center". Zur Zeit leben in der Auffangstation an die 150 Primaten von über einem Dutzend höchst gefährdeter Arten, die von den Mitarbeitern des Zentrums oft im letzten Moment vor dem Verkauf auf Märkten bewahrt wurden. Zu besichtigen ist unter anderem ein Gehege mit diversen äußerst seltenen Languren und Affen. Nach Voranmeldung zu besichtigen ist auch das zugehörige Turtle Conservation Center, in dem 16 gefährdete Schildkrötenarten gehalten werden.

Beste Zeit ist von November bis Februar, Parkeintritt 1,60 Euro, empfehlenswert: zweitägige Wanderungen in den westlich gelegenen Höhenlagen zu den Dörfern der Mong. Unbedingt besuchen: das von Tilo Nadler geführte Endangered Primate Rescue Center, täglich 9 bis 11.30 und 13.30 bis 16 Uhr geöffnet.

www.cucphuongtourism.com

3: Gerettet: Delacour-Languren in einer Freianlage des „Endangered Primate Rescue Center".

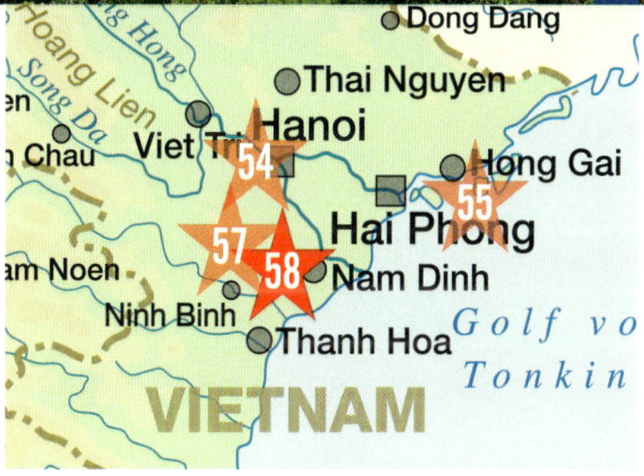

GPS: 20° 15' N, 105° 59' O

Trockene Halong-Bucht bei Ninh Binh 58

Zuckerhutberge und zerfurchte Felskegel, dazwischen Reisfelder, schmucke Dörfer, Tempel, Pagoden und mäandrierende Flussläufe: Diese Märchenlandschaft, die sogenannte trockene Halong-Bucht alias Vinh Ha Long Can, erstreckt sich knapp 100 Kilometer südlich von Hanoi unweit des Provinzstädtchens Ninh Binh und ist Teil des Tam-Coc-Nationalparks.

4: Der Thai-Vi-Tempel bei Tam Coc: Ein Tuschemaler hätte die Szenerie nicht schöner arrangieren können.

Tipp: zweistündige Bootsfahrt durch die drei Karstgrotten Tam Coc auf dem Fluss Ngo Dong; vor 9 Uhr entgeht man noch dem Rummel, Bootsfahrt 4,40 Euro/Person.

GPS: 16° 28' N, 107° 35' O

59 Alte Kaiserstadt Hue

Die Astrologen und Geomanten hatten den Ort sorgsam ausgependelt und gaben dem neuen Monarchen ihren Segen: Als sich im Jahre 1802 Nguyen Anh am Ende langer dynastischer Wirren zum König krönte, beschloss er, die Residenz in seiner Heimatstadt Hue zu errichten. Seine Wahl erwies sich als ideal. Im Norden und Westen schützten hohe Hügelrücken vor schlechtem Wetter und bösen Geistern. Nach Süden öffnete sich eine Ebene bis hin zum nahen Meer. Mittendurch bahnte sich der „Fluss der Wohlgerüche“ aus Laos kommend seinen Weg.

Ein „architektonisches Gedicht“ haben die UNESCO-Verantwortlichen Hue genannt, als sie es 1993 zum Weltkulturerbe erklärten. Es besteht im Kern aus zwei sehr konträren Strophen: Der zentrale Bezirk südlich des Flusses, das ehemalige Europäerviertel, zeigt sich neumodisch geordnet, mit breiten, baumbestandenen Boulevards, Villen und repräsentativen Bauten im pseudo-kolonialen Stil. Nördlich liegt die historische Altstadt mit der von einem langen Wassergraben und dicken Backsteinmauern eingefassten Zitadelle.

Zu den klassischen, nach den Verheerungen des Vietnam-Krieges liebevoll restaurierten Attraktionen zählen: der zum Museum umfunktionierte Long-An-Palast, die Thien-Mu-Pagode, die Quoc-Hoc-Schule, in der einst Ho Chi Minh studierte, sowie, am südlichen Stadtrand, die sieben Kaisergräber.

1: In der Thien-Mu-Pagode wird ein Bonsai beschnitten.
2: Hues Wahrzeichen: der Turm Phuoc Duyen der Thien-Mu-Pagode.
3: Die Thanh-Toan-Brücke im Dorf Cau Ngoi.
4: Eine traditionell gewandete Vietnamesin im Kaisergrab Tu Duc.

Kaiserpalast: täglich 7 bis 17.30 Uhr geöffnet, Eintritt 6 Euro, Kaisergräber Minh Mang, Tu Duc, Khai Dinh: täglich 7 bis 17 Uhr geöffnet, Eintritt 4 Euro je Grab.
www.highlights-in-vietnam.de/sehenswurdigkeiten/die-alte-kaiserstadt-hue

1

2

3

4

Die in den 1920er-Jahren in Hue errichtete Grabanlage des Königs Khai Dinh ist offensichtlich von französischen Schlossanlagen inspiriert. Zwei Ebenen mit Wachgebäuden und einer Ehrenallee aus Betonskulpturen sind nur die Vorstufe für die eigentliche Grabhalle, die man über steile Treppen erreicht.

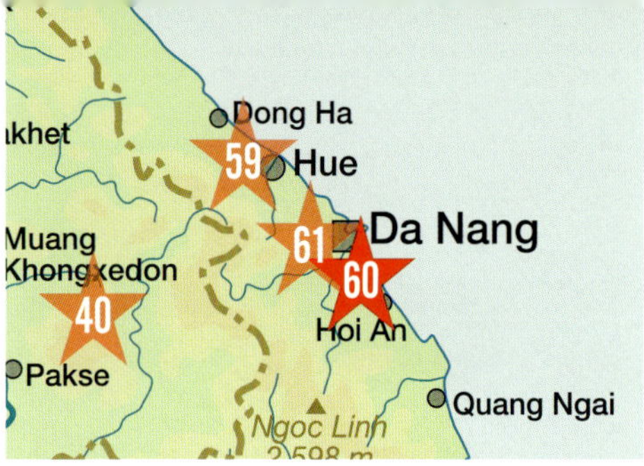

GPS: 15° 53' N, 108° 20' O

60 Hoi An

Zugegeben, Stilpuristen finden durchaus Gründe, zunächst ein wenig die Nase zu rümpfen. Das geschichtsträchtige 50 000-Einwohner-Städtchen, das sich 30 Kilometer südlich der Millionenmetropole Da Nang so malerisch an die Mündung des Thu-Bon-Flusses schmiegt, zeigt zweifellos Symptome akuter Kommerzialisierung. Guesthouses und Minihotels, Imbissbars, Pizzerien und knallbunte Souvenirshops: Ja, Hoi An hat sich zu einem trendigen Touristenmagnet und einer Art Freilichtmuseum entwickelt.

Über den Boom zu klagen, wäre freilich ungerecht. Noch vor einer Generation nämlich schlummerte Hoi An von der Welt vergessen und desolat im Dornröschenschlaf. Dann machte in der Backpacker-Gemeinde aus Übersee das Gerücht von einem ungemein romantischen Hafenort die Runde. Der Gästestrom schwoll an. Die Rückständigkeit – eine seit über 100 Jahren weitgehend unveränderte Bausubstanz in Kombination mit einer besonders heimeligen Atmosphäre und gastfreundlichen Bevölkerung – erwies sich als touristischer Trumpf. 1999 adelte die UNESCO Hoi An zum Weltkulturerbe. Mehr als 800 Objekte sind unter Denkmalschutz gestellt. Hoi Ans kostbare Aura spüren selbst die eiligsten Kurzzeitbesucher. Wer zur magischen Stunde zwischen Nacht und Tag den Blick über den Fluss und die historische Dächerlandschaft schweifen lässt, könnte sich fast ins 17. und 18. Jahrhundert zurückversetzt fühlen, als im hiesigen Hafen Frachtsegler aus Kanton, Batavia und Nagasaki, Lissabon, Liverpool und Brügge vor Anker lagen.

1: Abendstimmung am Thu-Bon-Fluss.
2: Das bunte Sortiment des Lampionladens Ngoc Hoa.

Shopping-Eldorado für maßgefertigte Kleidung; erlebenswert: Lampionfest in der Altstadt und am Thu-Bon-Fluss, jeden Vollmondtag.
www.vietnamurlaub.info/ sehenswuerdigkeiten-hoi-an

2

1

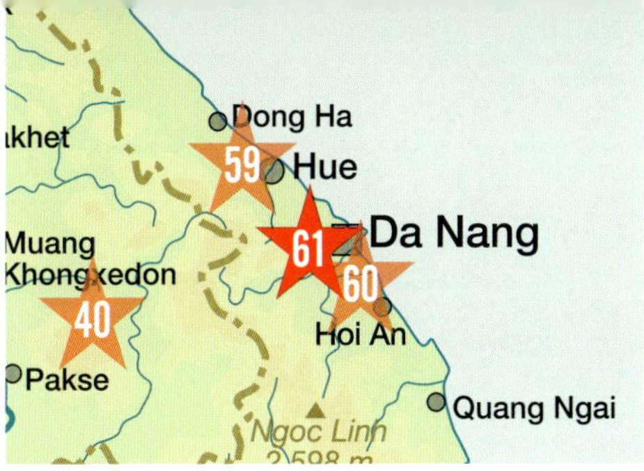

GPS: 69° 1' N, 23° 3' O

Vietnamesische Speisen 61

Vietnams Küche zählt zu den großen dieser Welt. In ihr sind Traditionen aus mehreren Kulturen verschmolzen. Prägend waren seit alters Einflüsse aus Indien und China. Bleibende Spuren hinterließen auch die französischen Kolonialherren etwa in Form von Artischocken, Spargel, Baguette und dem Cà phê. Von extremer Einfachheit hingegen ist die Ethno-Küche der Millionen von Bauern.

3-7: Gegrillte Bananen und Reisküchlein als Snack; Fisch-Nudelsuppe; mit Shrimps gefüllte Wontons; getrocknete Shrimps auf dem Markt; das Angebot für „Banh Bao“, Snacks zwischendurch, ist enorm.

Leckeres Frühstück: ambulante Nudelsuppe ab 1 Euro.

GPS: 10° 56' N, 108° 17' O

62 Mui Ne

Die östlich der Hafenstadt Phan Thiet in der Provinz Binh Thuan gelegene Halbinsel Mui Ne hat sich binnen weniger Jahre zu einem beliebten Ziel für Badeurlauber entwickelt. Surfer und Wellenreiter aus dem In- und Ausland schätzen die hier herrschenden günstigen Winde. Im gleichnamigen Hafen kann man frühmorgens noch viele Fischer bei der Arbeit beobachten. Ihre riesige Flotte kleiner Holzkähne liegt im örtlichen Hafen vor Anker. Meist am späten Nachmittag fahren sie hinaus aufs Meer, während am nahen 20 Kilometer langen Strand Besucher aus aller Welt dem Müßiggang frönen, ausgedehnte Spaziergänge unternehmen, kurz: unter der Sonne und im Wasser Lebensenergie tanken. Geangelt wird bevorzugt nachts im Licht starker Scheinwerfer.

Freilich bietet auch das Hinterland von Mui Ne mannigfache Attraktionen. So grüßen etwa auf dem Weg nach Phan Thiet von einem Hügel Tempeltürme aus dem 9. Jahrhundert, der Zeit des Cham-Reiches. Wo sich, gar nicht weit, zu Füßen der in Braun- und Rottönen schimmernden Sanddünen Suoi Tien, die Märchenquelle, ihren Lauf Richtung Meer bahnt, könnte man sich beinahe in arabischen Wüstengefilden wähnen. Und ein pittoreskes Fotomotiv der Sonderklasse bietet vor dem Hintergrund der gleißend hellen, haushohen Sandsicheln der mit blühendem Lotus bedeckte Bau-Ba, zu Deutsch „Weißer See".

1: Als befände man sich in der Gobi oder Sahara: Sanddünen am Lotussee.
2: Wie eine Wüstenoase wirkt das Tal des Suoi Tien, genannt Fairy Stream.

Ausflug zu den weißen Sanddünen am Lotussee, 20 Kilometer nördlich von Mui Ne, Eintritt 0,40 Euro, per Moped 5,30 Euro/Tag oder 4-stündige Jeeptour ab 8,80 Euro/Person.

1

2

GPS: 12° 15' 55" N, 109° 11' 44" O

63 Nha Trang

Einen badetouristischen Schlussakkord von betörender Schönheit setzt am Ende der vielstündigen Fahrt auf der Nationalstraße 1A entlang der von Bilderbuchbuchten gesäumten Küste Zentralvietnams, weit im Süden schon, Nha Trang. Das für seine hohe Lebensqualität bekannte, gerne als „Nizza Vietnams" bezeichnete Seebad empfängt Gäste mit etlichen historischen Baudenkmälern von Rang: Das buddhistische Kloster Long Son etwa ist Sitz einer renommierten Schule für angehende Mönche und Nonnen. An seiner Seite führt eine 150-stufige Treppe hinauf zu einer 14 Meter hohen und dementsprechend weithin sichtbaren Buddha-Figur. Von noch größerer historischer Bedeutung ist der im Norden auf einer Anhöhe gelegene Po-Nagar-Tempel, auch bekannt als Thap Ba. Die ältesten sichtbaren Relikte dieses Cham-Heiligtums, das übrigens als religiöse Kultstätte noch in Gebrauch ist, sind zwei Dutzend Säulenstümpfe aus dem frühen 9. Jahrhundert. Seine Wurzeln reichen noch 500 Jahre tiefer in die Vergangenheit zurück.

Die meistbesuchte und für die Stadtbewohner einträglichste Attraktion von Nha Trang sind freilich seine palmbestandenen Strände. Deren Sand strahlt um die Mittagszeit weiß wie Schnee, ist dann allerdings so heiß, dass man auf ihm mit bloßen Füßen kaum gehen kann. Und unter Tauchern gilt die Bucht von Nha Trang als eines der lohnendsten Reviere in ganz Vietnam. Besonders grandios ist die Unterwasserwelt rund um die Inseln Hon Mun, Hon Mot und Hon Do.

3: Die Xom-Bong-Brücke führt in Nha Trang über den Song-Cai-Fluss.

4: Der Po-Nagar-Tempel, Nha Trangs bedeutsamste Kultstätte, steht im Norden der Stadt auf einem Hügel.

www.highlights-in-vietnam.de/sehenswurdigkeiten/nha-trang

GPS: 10° 45' N, 106° 40' O

64 Ho-Chi-Minh-Stadt

So also sieht sie heute aus, die legendäre Lebedame, nach Jahrzehnten der unfreiwilligen Selbstbescheidung. Eine komplett neue Garderobe hat sie sich zugelegt – knallbunt teilweise, und ziemlich aufreizend, für große Anlässe aber auch schick und mondän. Und erst das Wesen! Ehrgeizig, dynamisch, mit jugendlichem Drive und global vernetzt – so würden Headhunter wohl ihre Vorzüge preisen. Voilà, Miss Saigon im Jahr 2016: keine Spur mehr von der angejahrten, dick gerougten Kokotte, in deren Salons es nach Opium duftete. Ho-Chi-Minh-City hat sich radikal gehäutet und huldigt heute einem hemmungslosen Konsumrausch in high speed.

Gewiss, in zahlreichen Pagoden, Tempeln, Klöstern wird das spirituelle Erbe mit Bedacht gehütet. Zugleich stehen entlang der breiten Alleen, auf Hochglanz renoviert, noch die Zeugen der alten Grandeur: Stadttheater, Rathaus, Hauptpost, die Kathedrale Notre Dame, die Hotellegenden Majestic, Caravelle und Continental.

Aus Touristenperspektive ist Saigon an sich keine Traumdestination, bietet aber durchaus vielerlei Attraktionen – neben dem Nimbus seiner glorreichen Vergangenheit und den erwähnten Baudenkmälern vor allem eine reichhaltige Museumslandschaft. Unbedingt sollte man auch über die bunten Märkte bummeln. Auf manche Reisende mag das überaus rege Nachtleben magnetische Sogwirkung ausüben. Sonnenanbeter finden im Umland schöne Strände und Resorts. Und als Memento an den Irrsinn des Krieges prägt sich der Ausflug in den Ort Cu Chi mit seinen Gefechtsstollen ins Gedächtnis.

1: Ein Symbol für den Boom: die Skyline von Ho-Chi-Minh-City.

2: Das alte, abends prächtig illuminierte Rathaus.

Super Aussichten: Bitexco Financial Tower, Saigon Skydeck in der 49. Etage, täglich 9.30 bis 21.30 Uhr geöffnet, Eintritt 8 Euro, 36 Ho Tung Mau Street, District.

www.vietnam-travel-info.de/destinationen/staedte/ho-chi-minh-stadt

GPS: 11° 18' 13" N, 106° 8' 0" O

Cao-Dai-Tempel in Tay Ninh 65

Knapp 90 Kilometer nordwestlich von Ho-Chi-Minh-Stadt, in Tay Ninh, unterhalten die Cao Dai ihr geistiges Zentrum. Die Mitte der 1920er-Jahre gegründete Sekte verbindet Elemente diverser Weltreligionen, sieht sich als letzte Manifestation des Absoluten, und ihr oberstes Ziel darin, Liebe und Gerechtigkeit zu fördern. Was sie freilich nicht daran hinderte, sich im Laufe ihrer noch jungen Geschichte mithilfe einer vieltausendköpfigen Miliz gewaltsam in die Machtpolitik des Landes einzumischen.

3: Die Fassade des Cao-Dai-Tempels.
4: In Reih und Glied: Gebet in der Gemeinde der Cao Dai.

Erlebenswert: Liturgie alle sechs Stunden, um 6, 12, 18 und 24 Uhr.

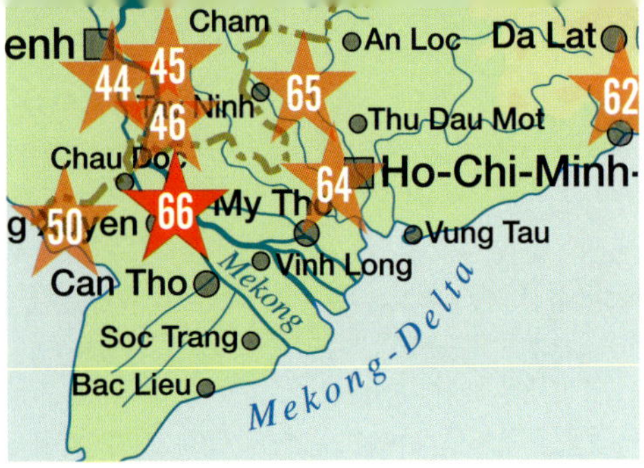

GPS: 10° 41' N, 105° 5' O

66 Mekong-Delta

Der Mekong ist mit 4500 Kilometern Asiens drittlängster Fluss und ergießt sich im äußersten Südwesten Vietnams ins Südchinesische Meer. Das Delta, ein weitverzweigtes Labyrinth aus Flussarmen, Kanälen, Mangroven und Inseln, erschließt sich naturgemäß am besten vom Wasser aus. Gleitet man in einem Boot über die hellbraunen Fluten, glaubt man sich in einem bäuerlichen Garten Eden. Sattgrüne Reisfelder, ein Defilee von Bananenstauden und Kokospalmen, dazwischen blitzen Dächer bunter Pagoden, sieht man schmucke Häuschen, Hühner, Kinder beim Spiel, Frauen in farbenfrohen Gewändern beim Wäschewaschen oder auf Marktbooten, vor sich Pyramiden aus Mangos, Orangen, Papayas, Bambuskörbe mit Gemüse und Garnelen. Und über all dem liegt eine süße Schläfrigkeit gebreitet ...

1: Viele Vietnamesen leben auf Hausbooten.
2: Getrocknetes Getier aus Fluss und Meer wartet auf Käufer.
3: Gegenverkehr auf der Insel Thoi Son.

Besuch des schwimmenden Marktes in Chau Doc; auch hier gilt: mindestens um 6 Uhr losfahren.
www.mekong-delta-travelguide.com/de/aktiviteten-attraktionen

1

2

3

Register

Chongqing
CHINA
INDIEN
Guwahati
Hkakabo Razi 5.881 m
Putao
4.086 m
Naggun Bum 3.204 m
4.033 m
Saramati 3.826 m
Hkamti
Guiyang
Mogaung
Myitkyina
Qujing
BURMA (MYANMAR)
Kunming
Bhamo
Indaw
Loi Song 2.359 m
Chittagong
Kale
Kalewa
Kunlong
Mogok
Lashio
Salween
Gangaw
Kyaukme
Mt. Victoria 3.053 m
Monywa
Mandalay
Amarapura
Sagaing
Myingyan
Pakokku
Chauk
Meiktila
Heho
Taunggyi
Inle Lake
Sittwe
Minbu
Wan Hsa-la
Kyaingtong
Phongsali
2.880 m
Sapa
Lao Cai
Ha Giang
Cao Bang
Nanning
Fan Si Pan Pk 3.143 m
Song Hong
Hoang Lien
Song Da
Dong Dang
Thai Nguyen
Dien Bien Phu
Yen Chau
Viet Tri
Hanoi
Hong Gai
Zhanjia
Muang Xai
Mae Sai
Chiang Rai
Yang Vieng
Mekong
Luang Prabang
Hai Phong
Nam Dinh
Nam Noen
Ninh Binh
Thanh Hoa
Golf von Tonking
Hainan
Naypyidaw
Ramree
Ragaing Yoma
Prome
Sandoway
Toungoo
Chiang Mai
Doi Inthanon 2.590 m
Phayao
Nan
LAOS
VIETNAM
Vinh
Lampang
Phrae
Paksan
Ha Tinh
Ayeyarwady
Nyaung-lebin
Henzada
Thanze
Bago
Kyaikto
Thaton
Pathein (Bassein)
Yangon (Rangoon)
Golf von Martaban
Mawlamyaing (Moulmein)
Kyaikkami (Amherst)
Irrawaddy-Delta
Vientiane (Vientiane)
Chiang Khan
Nong Khai
Uttaradit
Udon Thani
Nakhon Phanom
Thakhek
Sawankhalok
Sukkothai
Phitsanulok
Sakhon Nakhon
Khon Kaen
Mukdahan
Savannakhet
Dong Ha
Hue
Amnat Charoen
Da Nang
Muang Khongxedon
Hoi An
Ye
Nakhon Sawan
Nakhon Ratchasima
THAILAND
Ubon Ratchathani
Pakse
Dawei (Tavoy)
Kancha-naburi
Ayutthaya
Nakhon Pathom
Champasak
Quang Ngai
Ngoc Linh 2.598 m
Phanom Dong Rak
Bangkok
Muang Khong
Ratchaburi
Chon Buri
Sisophon
Pleiku
Petchaburi
Pattaya
Rayong
Siem Reap
Stung Treng
Quy Nhon
Kadan Kyun
Hua Hin
Battambang
Chanthaburi
Tonle Sap
KAMBODSCHA
Kratie
Buon Ma Thuot
Chu Dang Sin 2.405 m
Pran Buri
1.717 m
Kanmaw Kyun
Prachuap Khirhan
Ko Chang
Kampong Chhnang
Ban Hat Lek
Ko Kut
Kampong Cham
Ninh Hoa
Nha Trang
Cam Ranh
Phan Rang
Bang Saphan
Phnom Penh
An Loc
Da Lat
Mui Ne
Phan Tiet
Chumphon
Golf von Thailand
Isthmus von Kra
Tay Ninh
Thu Dau Mot
Sihanouk-ville
Chau Doc
Ho-Chi-Minh-Stadt (Saigon)
My Tho
Long Xuyen
Vung Tau
Ranong
Lang Suan
Ko Phangan
Ko Samui
Phu Quốc
Can Tho
Vinh Long
Andamanen
Andamanensee
Khuraburi
Surat Thani
Sichon
Soc Trang
Bac Lieu
Mekong-Delta
Nicobaren
Phang Nga
Nakhon Si Thammarat
Ko Phuket
Krabi
Phuket
Ko Lanta
Trang
Phatthalung
Songkhla
Hat Yai
Ko Tarutao
Sai Buri
Narathiwat
Kota Bharu
Straße von Malakka
George Town
Betong
Sumatra
INDONESIEN
MALAYSIA
Südchinesisches Meer
200 km
1
2
3
4
5
6
7
8
9
10
11
12
13
14
15
16
17
18
19
20
21
22
23
24
25
26
27
28
29
30
31
32
33
34
35
36
37
38
39
40
41
42
43
44
45
46
47
48
49
50
51
52
53
54
55
56
57
58
59
60
61
62
63
64
65
66

Impressum

BUCHGESTALTUNG
SILBERWALD
Agentur für visuelle Kommunikation, Rimpar

KARTE
Fischer Kartografie, Aichach

Printed in Italy
Repro: Artilitho snc, Lavis-Trento, Italien
www.artilitho.com
Druck/Verarbeitung: Grafiche Stella srl, Verona, Italien
www.grafichestella.it

ISBN 978-3-8003-4914-2

Früh übt sich, wer ein Leben lang südostasiatische Lebensfreude und Heiterkeit verströmen will: Wir befinden uns auf dem Gelände eines Hilfsprojekts in der kambodschanischen Provinz Stung Treng. 74 Frauen erhalten hier eine Grundausbildung im Nähen und Weben. Während sie hochkarätige Seidentextilien fabrizieren, werden ihre Kids im projekteigenen Kindergarten betreut.